日弁連ADRセンター双書 6

金融紛争解決と ADR

Alternative　　Dispute　　Resolution

日本弁護士連合会　ADRセンター 編

弘文堂

はじめに

「ADR の機能」は拡大する。

ADR（Alternative Dispute Resolution「裁判外紛争解決機関」）を巡る環境は、ここ数年、めまぐるしく変化を遂げている。

私が、日本弁護士連合会 ADR（裁判外紛争解決機関）センター委員長に就任してから、この方、毎年のように、弁護士会 ADR に対する需要等に応じた対応をとることになった。

まず、2008 年（平成 20 年）6 月以降、全国 8 高等裁判所所在地近辺の弁護士会仲裁センター等に「医療 ADR」を設置することとし、既設置会も含め、現在 11 弁護士会に「医療 ADR」を設置することになり、各地の当該「弁護士会医療 ADR」が、順調に実績をあげているところである。

2009 年（平成 21 年）8 月、総務省および社団法人デジタル放送推進協会から日本弁護士連合会に対し、「地デジ ADR」（受信障害対策紛争処理事業）の相談員、調停員および紛争処理運営委員会委員となる弁護士の推薦を依頼され、日本弁護士連合会は、相談員・調停員候補者として全国各地の弁護士会から 180 名の弁護士と紛争処理運営委員会委員 2 名を推薦し、以後、2011 年 7 月 24 日のアナログ波停波にいたるまで、「地デジ ADR」の事業の遂行に協力した（東北 3 県福島、宮城、岩手については、2012 年（平成 24 年）3 月まで事業を延長した）（2009 年下期～2011 年下期まで、問い合わせ件数 2,053 件、相談件数 588 件、調停件数 156 件、応諾件数 98 件、和解件数 54 件となった）。

2010 年（平成 22 年）6 月以降、金融庁からの協力要請を受け、東京三会を中心に、各金融機関や金融団体との間で「金融 ADR」に関する協定書を締結して、弁護士会仲裁センター等の中に「金融 ADR」を設置し、その機能強化をはかっているところである（金融 ADR に関する金融機関からの協定申入れ件数（団体も含む）は、2012 年 11 月末段階で、646 件であり、協定締結数は、580 件となっている）。

なお東京三会は、個別金融機関 416 社、金融機関団体 7 団体と協定書を締結しているところ、受諾書を提出している団体傘下の個社は合計 907 社あり、東京三会だけで、1,323 社の金融機関と契約関係にはいっており、テレビ会議シ

ステム等を利用した「現地調停」制度を創設し、「全国対応」の体制をとっている（その他の弁護士会分を加えると弁護士会 ADR は、約 1,600 社ほどの金融機関と契約関係にはいっていることになる）。

　2011 年（平成 23 年）3 月 11 日には、「東日本大震災」が発災し、膨大な数の死傷者と行方不明者をだすとともに、福島第一原子力発電所が爆発したのは、周知のとおりである。

　日弁連 ADR センターは、東京三弁護士会の「仲裁センター」等を中心に、「原子力損害賠償紛争解決センター（原発 ADR）」の組成に協力することとなった。現在東京三会から、180 名ほど、関東 10 県会、仙台弁護士会などから 20 名ほどの仲介委員が選任されている。また調査官については、東京三会から当初 40 名程度が選任され、その後の追加募集で 2013 年 2 月 1 日現在 130 名程度となっている。

　2011 年 9 月から 2012 年 12 月 31 日まで、申立件数は 5,063 件、既済件数が 1,861 件で、未済累計が 3,202 件となっており、未済がここ数カ月、月に数十件～100 件程度増えている状況にある。

　そして、2012 年（平成 24 年）3 月にいたって、日本政府は、国会に対し、いわゆる「ハーグ条約」（「国際的な子の奪取の民事上の側面に関する条約」）の締結についての承認を求め、同時に「国際的な子の奪取の民事上の側面に関する条約の実施に関する法律案」を提出した（国会の議決は、本書刊行時点で未だなされていない）。

　「ハーグ条約」の批准および国内法制定施行に先立ち、外務省は、東京三会等に対し、国境を越えた「子の移動」について、主として、子との「面会交流」を目的とした ADR（テレビ会議システムを利用した国際間の ADR）のパイロット事業実施の依頼を行い、東京三会は、これを受諾して、この事業の実施に取り組んでいるところである。

　かように「ADR の機能」は拡大し、ADR に対する需要は、その質および量において、圧倒的であり、まるで荒れ狂う奔流のようである。

　我々、弁護士会 ADR は、このような「ADR の時代」に対処してゆかねばならないのである。

このような現状のもと、今般、日本弁護士連合会ADR（裁判外紛争解決機関）センターが、「日弁連ADRセンター双書」の第6巻として、本書で取り扱うのは、「専門ADR」のうち、「金融紛争解決とADR」についてである。

　平成21年6月24日に公布された「金融商品取引法等の一部を改正する法律」（平成21年法律第58号）は、金融分野における裁判外紛争解決制度（金融ADR制度）の創設等を、その内容としていた（平成22年10月1日施行）。

　金融ADR制度については、これまで業態ごとに苦情処理・紛争解決の取組みが行われてきたことから、金融関連の各業法の目的に沿って、金融商品取引法のほか、銀行法、保険業法など16の業法において金融ADRに関する規定を新たに設け、金融ADR制度を業法上の枠組みとして整備して、いわゆる「指定紛争解決機関制度」を創設し、各業態における苦情処理・紛争解決の取組み状況を踏まえ、指定紛争解決機関の設置は業態ごとに任意とし、申請に基づき指定する枠組みとして（金融商品取引法156条の39第1項）、業態ごとに、「指定紛争解決機関が存在する場合」（金融商品取引法37条の7第1項1号イ等）と「指定紛争解決機関が存在しない場合」（金融商品取引法37条の7第1項1号ロ等）とによって、金融機関の「金融ADR制度」に対する対応をわけることとした。

　指定紛争解決機関が存在する場合、金融機関に指定紛争解決機関の利用を義務づけることとし、一方、指定紛争解決機関が設立・指定されない場合においても、金融トラブルに対する利用者保護を図るため、個別金融機関に対して苦情処理・紛争解決のための一定の対応を求めることとした（金融商品取引法37条の7第1項1号）。その対応の一環として、内閣府令では、「弁護士会の仲裁センターにおけるあっせんまたは仲裁手続」その他の機関で、「金融商品取引業等業務関連紛争の解決を図ること」が定められた。

　本書では、指定紛争解決機関の存在する業態の金融ADRのうち、比較的利用頻度の高いものとして「全国銀行協会」、「証券・金融商品あっせん相談センター」（FINMAC）、「日本損害保険協会」の各金融ADRをとりあげ、指定紛争解決機関の存在しない業態の金融ADRとして、「弁護士会仲裁センター」等の「弁護士会ADR」をとり上げることとした。この「金融ADR」の分野は、ADRとして、今後とも成長が見込まれるものである。

翻って、弁護士会ADRについては、全国で32弁護士会（35センター）（2013年（平成25年）4月現在）が「弁護士会仲裁センター」「弁護士会紛争解決センター」等の名称で、弁護士会運営のADRの実践に携わっている。

　日本弁護士連合会ADR（裁判外紛争解決機関）センターは、こうした各「弁護士会仲裁センター」等をサポートするため、2001年（平成13年）6月に、「ADR関係の調査研究、各単位会の裁判外紛争解決機関の連絡・調整」を目的として、設立されたものであり、全国の各「弁護士会仲裁センター」等の運営をする弁護士会員100名余で構成され、適正なADR機関の創設・発展に寄与しているところである。

　本書は、第1巻（『紛争解決手段としてのADR』〔2010年〕）、第2巻（『交通事故の損害賠償とADR』〔2010年〕）、第3巻（『建築紛争解決とADR』〔2011年〕）、第4巻（『医療紛争解決とADR』〔2011年〕）および第5巻（『労働紛争解決とADR』〔2012年〕）に続いて、ADR（裁判外紛争解決機関）センターが、日弁連会員である弁護士に対して、2012年（平成24年）3月13日に行った『日弁連特別研修会』（紛争解決手段としてのADR その7『金融紛争解決とADR』）の内容に、所要の加筆・改訂を加え、各種資料を最新のものにあらためて出版するものである。

　本書の大半の記述形式が、基本的に会話調であるのは、この来歴に由来するのである。

　また、本来「日弁連特別研修会」は、前述のとおり日弁連会員である弁護士のみを対象とするものであるが、本書の内容自体は、弁護士のみならず、ADRに興味を持つ研究者、ADR機関関係者その他の方々にも有用なものと思われるし、ADR利用者にとってもお役に立てれば幸いである。

　なお、本書がなるにあたっても、弘文堂編集部の清水千香さんに、一方ならぬお世話をいただいた。この場を借りて、謝意を表したい。

　　　2013年（平成25年）3月

　　　　　　　　　　　日本弁護士連合会ADR（裁判外紛争解決機関）センター
　　　　　　　　　　　　　　　　委員長　渡　部　　晃

金融紛争解決とADR●CONTENTS

第1部

[1] 金融ADR制度の概要と弁護士会における金融ADR ……… 2
Ⅰ 金融ADR制度の発足─金融ADRとは？ ……………………… 2
Ⅱ 金融ADR制度が想定する紛争解決手続 ……………………… 4
　1 指定紛争解決機関における紛争解決手続 … 4
　2 指定紛争解決機関のない場合の紛争解決措置・手続 … 6
Ⅲ 弁護士会の実施する金融ADRの特徴 ………………………… 7
　1 概要 … 7
　2 弁護士会の協定書の特別条項 … 7
　3 現地調停・移管調停 … 9
Ⅳ 弁護士会ADRにおける典型的な紛争類型 …………………… 11
Ⅴ 金融ADR運用上の留意点 ……………………………………… 12

[2] 証券・金融商品あっせん相談センター（FINMAC）における金融ADR ……………………………………… 14
Ⅰ 証券・金融商品あっせん相談センター（FINMAC）とは ……… 14
　1 沿革 … 14
　2 FINMACのADRの対象となる事業者 … 14
Ⅱ ADR業務の体制 ………………………………………………… 15
Ⅲ ADR業務の種類 ………………………………………………… 16
Ⅳ 業務の内容 ……………………………………………………… 17
　1 相談 … 17
　2 苦情 … 17
　3 あっせん … 18
Ⅴ 申立ての状況 …………………………………………………… 20
Ⅵ 運用 ……………………………………………………………… 21

[3] 全国銀行協会における金融ADR……25

- Ⅰ 全国銀行協会における金融ADRの展開 ……25
- Ⅱ あっせん委員会における紛争解決手続 ……25
  1. 手続の概要…25
  2. 書面等の作成・提出…27
  3. 適格性の審査…27
  4. 事情聴取の実施…30
  5. あっせん案・特別調停案の作成・提示…30
- Ⅲ 新受件数の激増とその対策 ……32
  1. 新受件数の推移と都道府県別分布…32
  2. 全銀協における対策…32
- Ⅳ 手続の簡易迅速と解決内容の適正さ ……32
  1. 申立てから事情聴取までの期間…32
  2. 裁判を受ける権利とあっせん規範…33

[4] 日本損害保険協会における金融ADR……35

- Ⅰ そんぽADRセンターの沿革
  ―日本損害保険協会における従来からの取組み ……35
- Ⅱ そんぽADRセンターの損害保険業界内における位置付け…36
- Ⅲ そんぽADRセンターによる苦情、紛争対応の概要 ……36
  1. 苦情処理手続…38
  2. 紛争解決手続…38
  3. 苦情処理手続・紛争解決手続の標準的なスケジュールの流れ ……40
- Ⅳ 訴訟手続との関係 ……41
- Ⅴ その他の紛争解決機関との比較 ……43
  1. 公益財団法人交通事故紛争処理センター…43
  2. 日本弁護士連合会交通事故相談センター…44
  3. 一般財団法人自賠責保険・共済紛争処理機構…44
- Ⅵ 紛争解決手続に関する運用の状況 ……45
- Ⅶ そんぽADRセンターの交通賠責のメリット ……45

第2部 金融ADR制度の活用と各金融ADR機関の特徴について―パネルディスカッション

Ⅰ はじめに …48
Ⅱ 紛争解決の手続選択 …48
1 金融ADRを利用するメリット …48
2 弁護士会の金融ADRのメリット …50
3 手続選択のポイント …51
Ⅲ 申立てを受理できないケース …52
Ⅳ 申立て受理後の手続の流れ …57
1 苦情処理手続で利用された資料・情報の扱い …57
2 あっせん委員の選任方法 …59
3 利用者の立場からみた指定紛争解決機関の中立性 …63
4 審理の具体的な進行方法と期日の回数・所要期間 …65
5 遠隔地利用者のアクセス方法と各機関の対応状況 …70
Ⅴ あっせん案・和解案等 …72
1 あっせん案・和解案の内容の決定過程と提示方法 …72
2 和解成立に向けた工夫 …77
3 あっせん申立てにおける意見書等の活用の是非 …80
4 特別調停案制度の意義 …82
5 あっせん事例の公表と情報の共有 …85
6 事件処理結果の対外的公表 …87
Ⅵ 総　括 …87

第3部 日弁連ADR（裁判外紛争解決機関）センターの金融ADR制度に対する取組みと今後の展望

Ⅰ はじめに …94
Ⅱ 日弁連ADR（裁判外紛争解決機関）センターについて …95
Ⅲ 金融庁からの協力要請と日弁連ADRセンターの対応 …96
1 金融庁からの協力要請 …96
2 単位弁護士会の金融ADR制度に対する対応
―東京三会の対応を中心に …97

3 弁護士会ADRにおける金融ADRに関する協定書ひな形の特徴 ………… 99
 Ⅳ 東京三会の金融ADRに対する体制整備 …………………………………… 99
    1 東京三会の金融ADR調停人候補者 … 99
    2 東京三会の金融ADR「現地調停」「移管調停」の試み … 100
    3 金融ADRの広報 … 102
 Ⅴ おわりに ……………………………………………………………………… 102

　　資料 *1* 　全国銀行協会：あっせん申立書(顧客用) … 108
　　資料 *2* 　全国銀行協会：答弁書 … 112
　　資料 *3* 　全国銀行協会：主張書面(顧客用) … 114
　　資料 *4* 　全国銀行協会：申立書別紙(記載例) … 115
　　資料 *5*-① 　そんぽADRセンターによる紛争解決手続の
　　　　　　　流れのイメージ①(一般紛争・顧客の申立て) … 118
　　資料 *5*-② 　そんぽADRセンターによる紛争解決手続の
　　　　　　　流れのイメージ②(交通賠責・顧客の申立て) … 119
　　資料 *6* 　各金融ADR機関(指定紛争解決機関)の業務実施状況 … 120
　　資料 *7* 　指定紛争解決機関の利用者利便性向上に向けた取組状況 … 122
　　資料 *8*-① 　指定紛争解決機関の「利用者利便性向上に向けた
　　　　　　　アンケート」の実施状況 … 124
　　資料 *8*-② 　全国銀行協会：苦情対応・紛争解決手続改善のための
　　　　　　　アンケート結果 … 126
　　資料 *8*-③ 　証券・金融商品あっせん相談センター：
　　　　　　　アンケートの回収状況 … 127
　　資料 *9*-① 　指定紛争解決機関の紛争解決手続実施状況
　　　　　　　(平成22年10月1日〜23年9月30日) … 128
　　資料 *9*-② 　指定紛争解決機関の紛争解決手続実施状況
　　　　　　　(平成24年4月1日〜24年9月30日) … 129
　　資料 *10* 　業界団体における相談・苦情・紛争の件数 … 130
　　資料 *11* 　弁護士会ADR(東京三弁護士会)における
　　　　　　　個別金融機関用協定書ひな形 … 132
　　資料 *12* 　弁護士会ADR(東京三弁護士会)における
　　　　　　　金融機関団体用協定書ひな形 … 136
　　資料 *13* 　弁護士会ADR(東京三弁護士会)における
　　　　　　　金融機関団体加盟の個別金融機関用受諾書 … 140
　　資料 *14* 　弁護士会金融ADR紛争解決事例 … 141

事項索引 …………………………………………………………………………… 174

第1部

[1] 金融ADR制度の概要と弁護士会における金融ADR
　　河井　聡（弁護士・日弁連ADRセンター事務局次長）

[2] 証券・金融商品あっせん相談センター（FINMAC）における金融ADR
　　大谷禎男（弁護士・証券・金融商品あっせん相談センター（FINMAC）あっせん委員〈元東京高等裁判所部総括判事〉）

[3] 全国銀行協会における金融ADR
　　田中　豊（弁護士・全国銀行協会あっせん委員〈元最高裁判所調査官〉）

[4] 日本損害保険協会における金融ADR
　　大宮　立（弁護士・そんぽADRセンター紛争解決委員）

［1］ 金融ADR制度の概要と弁護士会における金融ADR

河井　聡（弁護士・日弁連ADRセンター事務局次長）

I　金融ADR制度の発足—金融ADRとは？

　金融については、われわれ弁護士の中でも、詳しい人もいれば、それほど詳しくない人もいると思います。また、ADRについても、言葉としては聞いたことがあるけれども、実際に自分で活用したことはないという人が多いのではないかと思います。ですから、今日のテーマである金融ADRとはいったい何なのか、イメージがわかないという人も多いかもしれません。
　まず、簡単な例で説明しましょう。
　かつて銀行は、預金を集めてそれを企業に貸し付けるという業務が多かったのですが、今皆さんが銀行に行くと、たとえば、いわゆる「仕組債」といったデリバティブが背後にあるような債券や、従来は保険会社でしか扱っていなかった保険、年金商品など、いろいろな金融商品を取り扱っています。証券会社等でも、いろいろな種類の株と普通の債券、すなわち「ストレートボンド」（Straight Bond）と呼ばれるような一般債券（社債）のほか、各種のデリバティブを取り入れた債券や投資信託などを取り扱っています。それから、よく新聞等で取り上げられていますが、お金を集めてきていろいろなものに投資するファンドがあります。不動産に投資するものもあれば、株に投資したり、ファンドに投資する「ファンド・オブ・ファンズ」（Fund of Funds）などというものもあります。
　このように現在、金融業界は、全国各地で活発に様々な種類の金融商品を開発し、提供してきています。
　こうした金融業界や商品の動向に関して、消費者の中には非常に詳しい方もいらっしゃいますが、詳しくない方もいらっしゃり、そうした方もやはり日々これに接しています。銀行等の営業担当の方、取引銀行の顔なじみの係員の方

から新しい投資信託商品などを勧められると、最近は普通預金の金利もかなり低いので、この投資信託を買えばすごく儲かるかもしれないなどと思うこともあるでしょう。さすがに現在では、銀行や証券会社の方が断定的な勧誘をすることは減っているとは思いますが、とはいえ、有名なタレントの顔写真が付いているきれいなパンフレットを見せられて商品の説明を受けているうちに、消費者としては何となく良さそうなものだと思って買ってみたりするわけです。ところが、初めはそれなりに利益を上げていたものの、途中から調子が悪くなって、結局、100万円で買ったものが50万円になってしまったとか、そういうことは、仕組債の場合にはよく聞く話です。

　株の場合も、株価の上がり下がりはありますが、いろいろな金融商品の特性（リスクとリターン）が、今、非常にわかりにくくなっています。そのわかりにくい状況下で、たとえば、先物取引におけるトラブルによって、いわゆる「先物被害」が起きています。先物も一種のデリバティブですが、銀行で扱っている商品にも、そういうものが入り込んでいるという現実があります。

　そこで、金融庁としても、こうした被害が起こらないようにするために、まず、消費者は目論見書や事前に渡された説明書をよく読みなさい、銀行等はそれらの書面を丁寧に作って十分に説明をしなさいと、そういう注意喚起はしています。しかし、それでも結果として被害が起きてしまいます。実際に被害が起きてしまったときに、被害者となった消費者は伝統的な裁判で戦うという方策をとることも、これも当然あることですが、裁判はやはり時間もお金も相応にかかります。そういう意味では、何億円にものぼる企業の投資損であれば、弁護士に訴訟を起こしたいと依頼するのも当然よいでしょうけれども、総額で50万円とか100万円の金融商品について50万円の損が出たという場合、常に訴訟を選択するというのは、必ずしも効率的ではないでしょう。

　こうした背景があって、金融庁は、平成22年10月から金融ADR制度を導入しました（根拠法は平成21年の金融商品取引法・銀行法・保険業法等の金融関連法改正）。これは、被害の迅速・簡便・柔軟な救済を図るという目的から、いろいろな特徴をもって整備されています。

Ⅱ 金融ADR制度が想定する紛争解決手続

　金融ADR制度では2つのやり方があります。1つは、指定紛争解決機関による紛争解決手続です。たとえば、銀行であれば全国銀行協会、生命保険会社であれば生命保険協会のような業界団体が紛争解決機関を作って、そこで苦情処理も含めた紛争解決全般を一気通貫で行うというものです。

　これに対して、たとえば、信用金庫や信用組合のように、全国組織はあるけれども業界団体内に指定紛争解決機関を作らないという場合があります。こうした機関を作ることは、法的に強制されているわけではないからです。しかし、作らないという選択をした場合に、どこで紛争解決をするのかということが問題になってきます。そこで、弁護士会の金融ADRというものが求められているのだと、私は理解しています。

1　指定紛争解決機関における紛争解決手続

　業界団体の指定紛争解決機関（図表1参照）には特徴があります。

　1つ目は、金融機関は、紛争処理の際、原則として所属業界団体の設立した指定紛争解決機関を使わなくてはならないというものです（金商法156条の38以下、銀行法52条の62以下、保険業法308条の2以下、信託業法85条の2以下、信用金庫法85条の4以下等参照。以下では便宜上、金商法のみを参照法令として引用します）。金融機関は、これとの間に手続実施基本契約を締結する義務があります。

　2つ目は手続応諾義務です。弁護士会で行っているADRでも他のADRでも同様ですが、通常のADRの場合は、私的自治が原則なので、手続に応ずるか応じないかは当事者が決められることになっています。その結果、申立てがなされても手続が開始されずに不応諾により終了することがかなりあります。この点、この金融ADRの指定紛争解決機関の場合には手続応諾義務が法定されているため、ある申立てが顧客・利用者側から起こされた場合に、金融機関は「この手続はやりたくないので、当方は応諾しません」とはいえないわけです。

図表1　指定紛争解決機関一覧

団体名	所在地	業務の種別等
社団法人生命保険協会	東京都千代田区丸の内3-4-1	●生命保険業務 ●外国生命保険業務
一般社団法人全国銀行協会	東京都千代田区丸の内1-3-1	●銀行業務 ●農林中央金庫業務
一般社団法人信託協会	東京都千代田区大手町2-6-2	●手続対象信託業務 ●特定兼営業務
一般社団法人日本損害保険協会	東京都千代田区神田淡路町2-9	●損害保険業務 ●外国損害保険業務 ●特定損害保険業務
一般社団法人保険オンブズマン	東京都港区虎ノ門3-20-4	●損害保険業務 ●外国損害保険業務 ●特定損害保険業務 ●保険仲立人保険募集
一般社団法人日本少額短期保険協会	東京都中央区八丁堀3-12-8	●少額短期保険業務
日本貸金業協会	東京都港区高輪3-19-15	●貸金業務
特定非営利活動法人証券・金融商品あっせん相談センター（FINMAC）	東京都中央区日本橋茅場町2-1-13	●特定第一種金融商品取引業務

　3つ目は資料提出義務です。通常の交渉の場合、稟議の状況はなかなか教えてもらえませんし、法廷でもなかなか出てこないような書類がたくさんありますが、指定紛争解決機関の場合は、あっせん人・仲裁人である紛争解決委員が資料提出を求めれば、金融機関はこれに応ずる義務が法定されています。ですから、事案の解明が極めてスピーディーになされることになります。

　4つ目は特別調停案受諾義務です。紛争解決委員が提示した和解案によっては当事者間に和解が成立する見込みがない場合に、紛争解決委員は必要と認めるときに、特別な調停案を出すことができます。この特別調停案を出されると、顧客・利用者側はその案を拒否できますが、金融機関は法律上それを片面的に受諾する義務があり、受諾しないときは1カ月以内に裁判を起こさないとこの受諾義務を免れられないという仕組みになっています。かなり強力な効果があるので、指定紛争解決機関の中には特別調停案を比較的多く利用している

機関もあれば、これまであまり利用していないという機関もあります

　5つ目は時効中断効です。和解が不成立の場合、申立てをした当事者が終了通知受領日より1カ月以内に訴えの提起をしたときには、当該紛争解決手続における請求時に訴えの提起があったものとみなされます。

　今述べたようなものが、指定紛争解決機関を利用する金融機関の特別な義務として規定されていることから、金融ADR制度は使い勝手の良いものとなっています。

POINT

＊指定紛争解決機関における紛争解決手続の特徴
　①手続実施基本契約締結義務
　②手続応諾義務
　③資料提出義務
　④特別調停案受諾義務
　⑤時効中断効

2　指定紛争解決機関のない場合の紛争解決措置・手続

　先ほどお話したように、指定紛争解決機関の設立は法的に強制されるものではないので、業界団体内にそうした機関を持たない場合があります。たとえば、信用金庫・信用組合・労働金庫・農業協同組合・漁業協同組合等が代表的なものです。その場合には、各金融機関は以下のいずれかの紛争解決機関をその紛争解決措置として選択する必要があります（金商法37条の7第1号ロ、金商業者府令115条の2第2項等）。

　その機関としては、①ADR促進法の認証ADR機関、②金融商品取引業協会・認定投資者保護団体等、③弁護士会の仲裁・紛争解決センター、④国民生活センター・消費者センターがあります。上記の中では、全国30弁護士会に設置されている仲裁・紛争センターが利用されることが多いようです。

　なお、後ほど説明しますが、指定紛争解決機関以外の紛争解決措置について

は、応諾義務・資料提出義務・特別調停案受諾義務等の特別な義務は、法令上は課されていません。

Ⅲ 弁護士会の実施する金融ADRの特徴

1 概要

弁護士会では、現在（平成24年1月末現在）約560の金融機関と金融ADRの実施に関する協定書を締結して、金融ADRの紛争解決機能を担っています（平成24年11月末現在の数は図表2参照）。

先ほど少し触れましたが、実は、指定紛争解決機関には、金融商品取引法や銀行法等の金融関連法において特別な義務が課されている一方、弁護士会の仲裁・紛争解決センターのようなところには、そうした法律上の義務が課されていません。しかし、われわれとしては、こういう金融ADRを簡易かつ迅速で実効的な制度とするために指定紛争解決機関に対して特別な義務が規定されている以上は、弁護士会で金融ADRを行う場合にも同様の制度の建て付けにしたいと考えました。

そこで、信用金庫、信用組合、農業協同組合、漁業協同組合、労働金庫、信金中金、商工中金といった全国組織の方々から、「私たちは指定紛争解決機関を作らないけれども、弁護士会の金融ADRを利用したい」という要望が来たときに、弁護士会としては、「それはいいですよ。弁護士会の金融ADRをどんどん利用してください」とお答えする一方、「しかし、いくら指定紛争解決機関を作らないからといっても義務まで免れるというのはいかがなものでしょうか」との問題提起をしました。その結果、各金融機関との間で金融ADRを進めるにあたって協定書を結び、その協定書の中で法律上の義務と同様の義務を金融機関に課し、当事者間の公平を図ることになりました。

2 弁護士会の協定書の特別条項

東京三会の協定書では、金融商品取引法等が指定紛争解決機関について定め

図表2　金融ADR協定申入れ・締結数一覧（平成24年11月末現在）

	協定申入数			協定締結数			取下げ・解約数		
	個社	団体	合計	個社	団体	合計	個社	団体	合計
東京三会	459	7	466	416	7	423	36	0	36
横浜	8	2	10	8	2	10	0	0	0
埼玉	0	2	2	0	2	2	0	0	0
群馬	0	2	2	0	0	0	0	0	0
静岡県	1	2	3	1	2	3	0	0	0
山梨県	0	2	2	0	2	2	0	0	0
新潟県	2	2	4	0	2	2	1	0	1
大阪	24	1	25	18	1	19	6	0	6
京都	6	1	7	6	1	7	0	0	0
兵庫県	14	1	15	13	1	14	0	0	0
奈良	3	1	4	3	0	3	0	0	0
滋賀	4	0	4	3	0	3	0	0	0
愛知県	52	1	53	49	1	50	3	0	3
岐阜県	1	1	2	1	0	1	0	0	0
金沢	1	3	4	1	3	4	0	0	0
富山県	0	0	0	0	0	0	0	0	0
広島	5	1	6	5	1	6	1	0	1
山口県	0	1	1	0	0	0	0	0	0
岡山	10	1	11	10	1	11	0	0	0
島根県	0	0	0	0	0	0	0	0	0
福岡県	1	2	3	1	2	3	0	0	0
熊本県	0	2	2	0	1	1	0	0	0
鹿児島県	0	1	1	0	1	1	0	0	0
沖縄	0	0	0	0	0	0	0	0	0
仙台	2	0	2	2	0	2	0	0	0
福島県	0	1	1	0	0	0	0	0	0
山形県	0	0	0	0	0	0	0	0	0
札幌	8	2	10	6	2	8	1	0	1
愛媛	5	1	6	4	1	5	1	0	1
合計	606	40	646	547	33	580	49	0	49

る手続規制を取り入れていますが、現在では大半の地方会の協定書にも同様の条項が設けられています。その特別条項としては、①手続協力義務（応諾義務・資料提出義務）、②特別調停案の片面的受諾義務のほか、③申立て手数料・期日手数料の金融機関負担、④公表義務（ホームページや取引書類に東京三会の金融ADRの利用が可能である旨記載してもらうことを想定）、等が挙げられます。

手数料に関して、少し説明します。弁護士会で扱う、金融ADR以外の一般的なADRの場合、たとえば東京三会では、最初に申立人から申立て手数料を

10,500円、期日ごとに各当事者から期日手数料5,250円を支払っていただきます。申立人・相手方の2当事者の場合、1期日あたり計10,500円となります。これが通常のADRのパターンです。ただし期日手数料については、地方の弁護士会の中には期日手数料は取らないという会もあります。

弁護士会の中には、この10,500円と5,250円という料金は過大とまではいえないものの負担であることには違いがないので、利用者に手続を進めるのを躊躇させる原因になっているのではないかという指摘があります。そこで金融機関との交渉の結果、金融ADRの場合は、申立て手数料と期日手数料は金融機関に負担していただくということになりました。それゆえ、現在では預金者・消費者の方は実質手数料の負担なく手続を開始できます。

また、最終的に和解によって解決した場合の成立手数料は、別途設けられています。この成立手数料は、原則として当事者双方に半々で負担していただきます。その料率については、基本的には訴えるときに訴状に貼る印紙のような紛争の対象となっている価額に基づき算出しています。裁判では、訴える段階でその目的たる紛争価額を決定するわけですが、弁護士会の場合は、最終的な和解の解決金額を基準に成立手数料を計算します。その意味でも、裁判よりは経済的負担が軽減されています。

さらに、通常のADRでもそうですが、弁護士会ADRの場合、大体3回から4回の期日で決着することを念頭に置いて取り組んでいます。月1回期日を設けても、3カ月から4カ月で和解を成立させるというイメージです。申立てからだと4カ月から5カ月程度になりますが、半年かかるケースは稀なので、比較的迅速な解決といえるのではないかと思います。

3　現地調停・移管調停

次に、東京三会の仕組みと全国各地の弁護士会との対応関係についてお話しします。

現在、東京三会では、地方会との間に現地調停と移管調停という制度を作ろうとしていて、ちょうどその手続に入っているところです（図表3参照）。移管調停というのは、事件をそのまま地方会に移管してしまうもので、裁判にお

図表3 移管・現地調停に関する協定締結状況 (平成24年12月4日現在)

弁護士会ADR設置会	弁護士会ADR未設置会	移管調停	現地調停
札幌		○	○
	函館		
	旭川		○
	釧路		○
	青森県		○
	秋田		○
	岩手		○
山形県		○	○
仙台		○	
福島県		○	○
	茨城県		○
	栃木県		○
	群馬		○
東京			
第一東京			
第二東京			
埼玉		○	
	千葉県		○
横浜		○	
山梨県			
静岡県			
新潟県			○
	長野県		○
富山県			
金沢		○	
	福井		○

弁護士会ADR設置会	弁護士会ADR未設置会	移管調停	現地調停
岐阜県		○	
愛知県		○	
滋賀			○
	三重		
京都			
大阪			
奈良		○	
	和歌山		○
兵庫県		○	○
岡山		○	
広島		○	○
	鳥取県		○
島根県			○
山口県			○
	香川県		○
愛媛県		○	○
	徳島		○
	高知		○
福岡県		○	○
	佐賀県		
	長崎県		○
熊本県		○	○
	大分県		○
	宮崎県		○
鹿児島県		○	
沖縄			○

ける移送のイメージに近いです。移送と違うのは、移管を受理した会が、申立手続を別途しなければいけないという点です。申し立てた会の手続は移管により終了することになります。

それに対して現地調停というのは、東京三会のあっせん人と地方のあっせん人をテレビ電話でつないで、それぞれが現地にいながらあっせん手続を行うというものです。

なぜ現地調停が必要かというと、東京三会は全国組織と協定を結んでいるので、一応全国からの申立てを受理するような建前になっているからです。現在、弁護士会は全国で52会ありますが、このうちADRセンターや仲裁センターを持っているのは30会です。残りの22会にはADRセンター等がないので、そもそも移管するといっても移管先がないという現実があります。そこで、隣の県にあれば、その県に移管するということも可能性としてはありますが、一応全国的に、せめて県庁所在地では手続ができるようにと、地方会との間にテレビ電話を結ぶという形で行っているのが現況です。やはり、和解あっせん手続も当事者の顔を見ながらやるテレビ電話のほうが、電話だけよりも、実際に円滑な進行ができているようです。

IV 弁護士会ADRにおける典型的な紛争類型

「弁護士会ADRにおける典型的な紛争には、どういうものがあるのですか」と、よく聞かれます。やはり多いのは、説明義務違反を中心とする紛争です。たとえば、ある金融商品についてあまり説明されないで買ってみたところ、損が出たので、そこで初めて消費者の方がいろいろと尋ねてみると、金融機関から自己責任であるといわれて、何の対応もしてもらえなかったような場合です。

それから、適合性原則違反も多いです。たとえば、金融機関がある消費者に対して、その人の特性に合っていないような金融商品を売りつけているような場合は、いくら説明義務を果たしていても、それは違法になります。

ただ、弁護士会ADRの場合は、紛争類型をこれに限るということをしないで、どんな紛争でも扱いますので、このほかにもいろいろなケースがあります。たとえば、一種の債務整理のような事案ですが、法人の借入人が取引条件の改善を窓口と交渉していたがらちがあかないので、金融ADRとして申し立てたという事例もありました。

　それから、他の金融機関のケースでもままあることとは思いますが、コミュニケーションに関わる問題があります。たとえば、前の窓口担当者とはうまくいっていたのだけれど、担当者が替わったらコミュニケーションが非常に悪くなって、お互いに感情的なしこりや感情のもつれのようなものが起きてしまい、それが表面には出ない場合でも、実際の紛争の根幹的な部分に影響を与えていることがあります。こうしたトラブルこそ、ADRにおいてあっせん人が当事者の間に入って、金融機関には「こういうことはあまり言うべきではないですよね」とか、消費者の方には「言い過ぎがあったにしても、そこまで取り上げる必要はないでしょう」といった形で仲裁し、感情のもつれを若干修復するとよいと思います。こうした交渉を2～3回繰り返すと、消費者の方も徐々に、「謝罪してくれればいい」とか、「謝罪でなくても遺憾の意を表明してくれれば、金銭的には特段要求しない」というようになり、気持ちをすっきりさせたことによって解決するという事例も見られます。そういうところにもADRの良さがあるのではないかと思っています。このように、弁護士会では間口を特段狭めずに、いろいろな事件を扱うことにしていますので、いろいろな使い方があってしかるべきかと思います。

V　金融ADR運用上の留意点

　金融ADRの運用上の留意点についても、いくつかお話したいと思います。
　まず、弁護士として、あっせん人として気を付けなければいけないことは、申立ての濫用が起きないようにすることです。まだ案件が少ないので、現在のところ、弁護士会の金融ADRではそういう事例はありません。しかし、今

後、おそらく損失補塡的な行為を直接行うと金商法違反になるというケースにおいて、ADR を利用することで実質的な損失補塡を実現しようとするような、大口顧客にいい顔をしたいという金融機関が現れる可能性もあるかもしれません。そのあたりは、あっせん人あるいは仲裁人として、留意しなければいけない点だろうと思います。

　また、弁護士会 ADR 自体の知名度がそれほど高くないという問題もあります。金融 ADR を行っているといっても、一般会員も含めて会員の皆さんにはまだまだ知られていないし、ましてや一般の方々、消費者や預金者の方々への浸透がまだまだ不十分であると考えています。今後は積極的な広報活動を進めて、弁護士会 ADR で様々な事件を簡易かつ迅速に解決していきたいと考えています。

［2］証券・金融商品あっせん相談センター (FINMAC)における金融 ADR

大谷　禎男（弁護士・証券・金融商品あっせん相談センター（FINMAC）あっせん委員〈元東京高等裁判所部総括判事〉）

I　証券・金融商品あっせん相談センター(FINMAC)とは

1　沿革

　証券・金融商品あっせん相談センターは、平成 21 年 8 月に日本証券業協会など 5 つの金融商品業協会が連携・協力して設立した NPO 法人（特定非営利活動法人）です。FINMAC という愛称は、正式名称の英語表記である「Financial Instruments Mediation Assistance Center」から、各単語の頭文字をとったものです。

　FINMAC では、設立当初から金融商品についてのあっせん・和解手続を進めており、平成 22 年 1 月には ADR 促進法 5 条によって認証紛争解決事業者の認証を受けました。この認証を受けた事業者が行う紛争解決手続については、時効中断効が認められることになっています（ADR 促進法 25 条）。さらに、平成 23 年 4 月には金融商品取引法上の指定紛争解決機関（金商法 156 条の 38 以下）となり、その機関としての業務（特定第 1 種金融商品取引業務、同法 156 条の 38 第 2 項）を開始していますが、こちらの紛争解決手続にも、やはり時効中断効が認められています。

2　FINMAC の ADR の対象となる事業者

　FINMAC における ADR の対象となる事業者は、一般的に、証券会社あるいはいろいろな証券商品を扱う金融機関等です。もう少し整理してお話しすると、第 1 種金融商品取引業者の登録を受けた金融商品取引業者は、FINMAC との間で手続実施基本契約を締結しなければなりません（金商法 37 条の 7 第 1

項1号イ）。この事業者を対象として行う解決手続が金商法上の指定紛争解決機関としての業務に該当しますが、ほとんどの案件は第1種金融商品取引業者が当事者になると考えていただいてよいと思います。

　2つ目のグループとして、協定事業者があります。協定事業者というのは、1つは、①日本証券業協会、②一般社団法人投資信託協会、③一般社団法人日本投資顧問業協会、④一般社団法人金融先物取引業協会、⑤一般社団法人第2種金融商品取引行協会という5つの団体の会員になっている事業者のことです。

　それから、協定によってあっせん手続の対象となるもう1つのものとしては、登録金融機関があります。金融規制の緩和により銀行に証券業務が解禁されるということがあって、銀行と証券会社等との相乗りがされておりますけれども、ここでいう登録金融機関とは、先ほど挙げた5団体のうち一般社団法人投資信託協会を除く団体に属している金融機関で、証券業務についても登録をしているもののことです。

　3つ目のグループとして、特定事業者があります。これは、第1種金融商品取引業者に対して、第2種と呼ばれている業者のグループです。いわば、広く一般市民を対象にするというよりは、もう少し狭い範囲で商売をしている小規模業者であるというふうに、おおまかに捉えていただければよろしいかと思います。この特定事業者は協会といったものを作っておらず、個々に活動しています。したがって、FINMACとの関係でも、個別に利用登録をしてあっせん手続を利用していただくという形になっています。

Ⅱ　ADR業務の体制

　FINMACは東京と大阪に事務所があり、本部は東京事務所に置かれています。職員が26名、あっせん委員、これは全員が弁護士ですが38名在籍しています（平成24年12月現在）。

　東京の本部事務所、大阪事務所とでは、管轄の対応が少し特殊です。東京の

本部事務所は、大阪事務所が管轄する対象以外の全部を所管し、一方、大阪事務所は、いわゆる大阪高等裁判所管内の各府県（大阪・京都・兵庫・奈良・滋賀・和歌山）の業務を所管しているという割振りになっています。したがって、たとえば、九州の博多で起きた事件は本部事務所の所管になりますが、だからといって、当事者の方が博多から東京へ出てきてあっせん手続に参加していただくのは大変な負担ですので、実際には、全国50カ所であっせんを行っています。

III ADR業務の種類

FINMACのADR業務においては、世間一般でいわれているところの金融商品のほとんどすべてを対象としています。業者別に整理すると、図表1のようになります。

図表1　ADR業務の種類

対象業者	対象取引
(1) 第1種金融商品取引業者	第1種金融商品取引業務 （有価証券の売買等、金利・為替スワップ等、店頭金融先物、店頭FX）
(2) 協定事業者 　ア　金融商品取引業者	取引助言・投資一任・ファンド運用業務
	投資信託の運用等
	ファンド商品の自己募集等
	金融先物
イ　登録金融機関	有価証券の売買等 金融先物、取引所・店頭FX
(3) 特定事業者	第2種金融商品取引業務 （ファンドの自己募集、不動産信託受益権の販売等）

Ⅳ　業務の内容

　FINMACのADR業務の特徴としては、まず、「相談」から始まり、続いて「苦情」、それから「あっせん」と、これら3つの手続をフルセットで設けているところです。

1　相談

　相談というのは、顧客からの相談に応じて、FINMACがどういう仕事をしているかといった業務の説明した上で、相談内容を具体的にいろいろと聞いて把握し、顧客に対して、「それはこういうことですよ」というような教示を行うことです。相談はもちろん無料で利用できます。

2　苦情

　その次に苦情という手続がきます。顧客の中には、いきなり苦情として事案を持ち込んで来る方もいますが、それはそれで構いません。しかし、多少の資格要件が設けられていて、その取引の名義人本人あるいはその代理人であることが必要になります。代理人というのは、親権者、法定後見人、弁護士、代理を認めるべき特別の事情のある方等でなければならず、それ以外の方は苦情の申入れはできません。

　苦情の申入れがあると、相談の段階よりさらに本格的な対応がとられ、事情の調査や助言がなされます。たとえば業者に対して、顧客と相対で話合いをして解決しなさいというような助言を行います。苦情の解決の手続は、2カ月以内で終えることを目途としています。この手続の利用も無料です。

　この苦情解決の手続においては、顧客と業者との間で金銭のやりとりはなされません。これは、先ほど弁護士会のADRのお話でもあったように、争点が無制限になると困るからです。金銭授受がされるということになると、たとえば、証券業協会の事故確認の審査会で賠償金を支払ってもよい事故だという認定を受けたとか、あるいは、あっせん手続に移行してその手続の中で和解とし

て取り扱うのにふさわしい事件であると、そういう判断を受けなければならなくなります。ですから、この苦情解決の手続の中では金銭のやりとりはしないのです。

3 あっせん

　あっせん手続は、弁護士であるあっせん委員が行いますが、あっせんの申立てというのはいきなりなされるわけではありません。まず苦情が先行して、そこで解決できない事案について、あっせんの手続が用意されているという建前になっています。顧客の中には、特に弁護士が付いている場合、「苦情の手続などしても無駄だから、最初からあっせんの手続を始めて下さい」と要求される方もいますけれども、そういう取扱いはしません。まずは事情を聞いて、苦情処理の手続を行うという段階を踏みます。

　申立人は顧客の側、それから事業者の側で、証券会社等も申立てをすることができます。つまり、双方に対して窓口が開かれていることになります。ただし、事業者が申立てをする場合には顧客の同意が必要です。顧客の同意なしに、事業者が勝手に申立てをすることはできません。申立金は非常に低額になっており、請求額に応じて2,000円（請求額100万円以下）から最大5万円（請求額5,000万円超）までの手数料であっせんの申立てができます。

　FINMACのあっせん手続は合議によるものではなく、1人の委員（紛争解決委員）の主宰によって進められます。そして、事業者にはあっせん手続への参加義務があります。また、事業者には開催期日1回当たり利用負担金5万円を負担していただきますが、この負担金は、運営費用の相当部分を賄うものです。あっせん手続の標準的な処理期間としては、4カ月以内を目途としています。

　金商法による指定紛争解決機関であるFINMACには、特別調停案を示す法的な権限があります。和解が成立する見込みがないという場合、調停委員の判断でこの特別調停案を示すことになります。顧客は特別調停案の受諾を拒否できますが、事業者は、顧客が受諾したにもかかわらずこれを拒否する場合には、1カ月以内にFINMACに特別調停案提示額を預託した上で、訴訟を起こ

さなければなりません。極めて重い手続になるわけですが、そのような特別調停案の提示権限が、FINMAC のあっせん手続にも認められているのです。

あっせん手続は、合意が成立した場合（和解契約書の作成）、和解の成立の見込みがないとして打ち切られる場合、それから当事者、特に顧客の側が申立てを取り下げた場合に終了することになります。

図表 2　あっせん手続の流れ

```
あっせん手続の説明              対席での事情聴取・説明
      ↓                              ↕
紛争解決のあっせん               適宜繰り返し
      ↓                         相対での事情聴取・説明
双方の意思の確認                 
      ↓                         必要に応じ
                                 資料の提出
                                 担当者等の出席

                                 和解案の勧告

和解契約書    あっせん      特別調停案
の締結       打切り通告     の提示
                              ↓
                  双方とも   双方とも    顧客のみ
                  受諾       受諾せず    受諾

                  和解契約書  あっせん    事業者は
                  の締結      打切り通告  特別調停案提示額
                                         相当額を預託し、
                                         1カ月以内に訴え
                                         を提起する義務を
                                         負う
```

Ⅳ　業務の内容　19

> **POINT**
>
> **平成23年度の苦情・あっせんの状況について**
>
> 平成23年度　FINMAC全体で受け付けた状況
>
> 【コメント】
>
> 苦情、あっせんの申立ては、いずれも前年同期に比べて大幅に増加
>
> 商品別にみてみると、苦情では、株式、投信、債券が概ね同じような割合で並んでいるものの、あっせん申立てでは、金融先物の構成比が目立ち、次いで債券、投信の順、株式の割合は低下
>
> また、個別には、為替デリバティブ（主として通貨オプション取引）や私募債（仕組債）関係の苦情等が目立つ。
>
> 苦情やあっせん申立の内容では、引き続き、説明義務や適合性（勧誘する商品等が顧客の知識、経験、財産の状況、投資目的に照らして適合的であるかどうかということ）に関するものが多い

V　申立ての状況

　FINMACへの申立ては、近年、大幅な増加傾向になっています。平成23年4月から12月までのあっせん事件についてみると、67.8％も増加しています。さらに増えつつあるので、FINMACの業務もだいぶ忙しくなってきています。

　紛争対象は、FXや通貨オプションも含めた金融先物商品が多くなってきています。時流なのでしょうが、古典的な株式に関わる紛争の割合はだんだん低下してきています。

　あっせん事件の類型別の主張は、大体他の指定紛争解決機関と共通するかと思いますが、やはり、勧誘段階での説明義務違反（55.7％）や適合性原則違反（23.8％）についての主張が圧倒的に多いです。「商品について、きちんとした説明を受けていなかった」、あるいは「難しい商品をよくわからないのに売りつけられた」といった主張です。次に売買取引で、たとえば無断売買（2.8％）等です。それ以外には、事務処理上の過誤があります。

VI 運用

　FINMACでは、先ほど説明したように苦情処理手続が先行するので、その段階で収集された資料等も紛争解決委員には交付されます。紛争解決委員は、それらをいろいろ検討した上で期日を開き、双方から話を聞いて和解の手続を進めることになります。

　平均あっせん回数（期日）は、平成22年度では1.7回で終わっています。非常に早く処理がなされていることがわかります。しかも、和解の成立率は56％強ですから、裁判所の和解に比べたら大変成績が良いといえます。私も、最初にこの数字を聞いたときには驚きましたが、2回弱の期日で、半分以上の事件が和解に至ることになっているわけです。

　ただ最近は、事業者も根拠のない和解には応じてきません。かつてのように、「せっかく申立てもあったんだから、何とか勉強してくださいよ」といった話が容易にできるような状況ではなくなってきています。事業者としては、「合理的な根拠がないと支払えないし、後で会社に帰って組織に報告することもできない」ということです。申立てには相当合理的な理由が必要であると、そういう時代になってきています。

　こうしたことを考えると、弁護士としてあっせんの依頼を受ける場合には、やはり依頼者から十分に事実経過の説明を引き出すこと、依頼者に有利な事実だけでなく、特に不利な事実をできるだけ正直に話してもらい、よく聞いておくことが肝要であろうと思います。これは裁判の場合も全く同じことですが、実際にあっせんの場に出てみたら依頼者からは全く聞いていなかった事実が出てきて、「こんなことならば受任するのではなかった」というような事態に陥ることにもなりかねないので、そのあたりの事情聴取は、弁護士として気を付ける必要があると思います。

　FINMACは、特に証券業界が中心となって設立した業者による団体ではありますが、あっせん委員の任命については透明性を高めるための手続を用意しています。公平性について疑念が抱かれるような者は選ばれないというシステ

ムになっていますので、その点は信頼していただいてよいと思います。

図表3 平成23年度の相談・苦情・あっせんの状況について
（平成23年度FINMAC全体で受け付けたもの）

23年	4月	5月	6月	7月	8月	9月	10月	11月	12月
相談	609	534	583	507	592	582	635	491	598
苦情	115	87	107	110	140	146	158	139	150
あっせん	29	38	37	23	38	31	49	65	47

24年	1月	2月	3月	23年度累計	22年度累計	増減
相談	485	489	522	6,626	7,017	−5.6%
苦情	124	130	124	1,530	1,190	＋28.6%
あっせん	27	41	42	467	309	＋51.1%

図表4 FINMACで処理した紛争等の実績（金商業協会別に記載） （単位 件）

年度別	平成21年度（FINMAC処理分を含む）			平成22年度（FINMAC処理分）			平成23年度（FINMAC処理分）		
	相談	苦情	あっせん	相談	苦情	あっせん	相談	苦情	あっせん
日本証券業協会	7,286	1,037	205	4,098	1,001	239	4,358	1,205	308
金融先物取引業協会	243	203	10	497	121	25	427	264	149
投資信託協会	85	4	1	33	1	0	17	5	0
日本証券投資顧問業協会	23	38	5	51	16	5	83	28	2
日本商品投資販売業協会	2	2	0	0	0	0	—	—	—
第二種金融商品取引業協会	—	—	—	—	—	—	2	1	0
小　計	7,639	1,284	221	4,679	1,139	269	4,887	1,503	459
第2種金融商品取引業務	0	0	0	28	50	40	77	18	8
その他	—	—	—	2,310	1	—	1,662	9	0
合　計	7,639	1,284	221	7,017	1,190	309	6,626	1,530	467

（注） 未公開株に関する相談は、平成22年4月以降は、日証協に設置された未公開株コールセンターに移行した。未公開株コールセンターでの平成22年度の受付件数は6,351件。

図表5 苦情・あっせん申立の商品別内訳（平成23年度中）

項目別 商品の種類	苦情				あっせん			
	平成22年度		平成23年度		平成22年度		平成23年度	
	件数	構成比(%)	件数	構成比(%)	件数	構成比(%)	件数	構成比(%)
株式	378	31.5	366	23.9	66	21.4	55	11.8
債券	211	17.8	345	22.5	48	15.5	117	25.1
投信	353	29.8	397	25.9	122	39.5	94	20.1
金融先物	122	10.3	263	17.2	25	8.1	149	31.9
有価証券デリバティブ	35	2.9	30	2.0	2	0.6	8	1.7
CFD	10	0.8	4	0.3	0	―	1	0.2
その他のデリバティブ	1	0.1	38	2.5	3	1.0	33	7.1
第2種関連商品	50	4.2	20	1.3	40	12.9	8	1.7
ラップ	6	0.5	13	0.8	2	0.6	2	0.4
その他	24	2.0	54	3.5	1	0.3	0	―
合計	1,190	100.0	1,530	100.0	309	100.0	467	100.0

（注）金融先物には、FX、通貨オプションを含む。

図表6 苦情およびあっせんの類型別内訳（平成23年度）

苦情				
類型	22年度		23年度	
	件数	構成比(%)	件数	構成比(%)
勧誘	564	47.4	890	58.2
うち説明義務	299	25.1	469	30.7
適合性	64	5.4	194	12.7
虚偽・誤認勧誘	84	7.1	95	6.2
売買取引	314	26.2	337	22.0
うち無断売買	85	7.1	74	4.8
売買執行ミス	48	4.0	35	2.3
システム障害	40	3.4	33	2.2
事務処理	160	13.3	169	11.0
投資運用	0	―	6	0.4
投資助言	10	0.8	11	0.7
その他	142	11.8	117	7.6
合計	1,190	100.0	1,530	100.0

あっせん				
類型	22年度		23年度	
	件数	構成比(%)	件数	構成比(%)
勧誘	247	79.9	423	90.6
うち説明義務	166	53.7	254	54.4
適合性	38	12.3	121	25.9
誤った情報	31	10.0	34	7.3
売買取引	49	15.9	38	8.1
うち無断売買	25	8.1	13	2.8
売買執行ミス	7	2.3	4	0.9
システム障害	7	2.3	3	0.6
事務処理	4	1.3	6	1.3
投資運用	1	0.3	0	―
投資助言	2	0.6	0	―
その他	6	1.9	0	―
合計	309	100.0	467	100.0

図表7　苦情の内容別細目分類の推移（平成23年度）

平成23年4月		5月		6月		7月		8月		9月	
①説明義務	29	①説明義務	21	①説明義務	38	①説明義務	34	①説明義務	41	①説明義務	53
②事務処理	13	②扱者主導等	11	②事務処理	14	②会社不満	16	②適合性	16	②扱者主導	23
③売買執行ミス	12	③事務処理	9	③扱者主導等	12	③扱者主導等	13	②扱者主導等	16	③適合性	13
④扱者主導等	10	④適合性	6	④適合性	8	④適合性	8	④売買執行ミス	15	④会社不満	10
⑤適合性	9	④売買執行ミス	6	④無断売買	8	⑤事務処理	7	⑤会社不満	12	⑤事務処理	9

10月		11月		12月		平成24年1月		2月		3月	
①説明義務	55	①説明義務	42	①説明義務	49	①説明義務	37	①説明義務	43	①説明義務	31
②適合性	29	②適合性	22	②適合性	30	②適合性	13	②適合性	16	②適合性	18
③無断売買	11	③強引な勧誘	8	③売買執行ミス	5	③無断売買	8	③売買一般	13	③会社不満	11
④強引な勧誘	10	④無断売買	6	④断定	4	④会社不満	8	④会社不満	11	④売買執行ミス	9
⑤扱者主導等	8	④誤った情報	7	④強引な勧誘	4	⑤強引な勧誘	8	⑤無断売買	9	⑤無断売買	8

図表8　あっせん申立の個人法人別・年齢別状況（平成23年度）

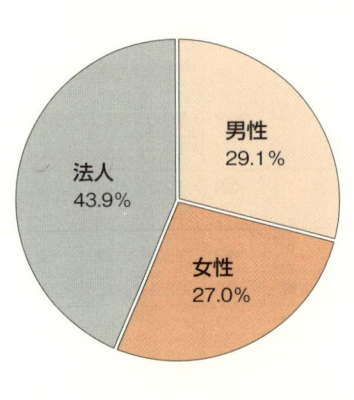

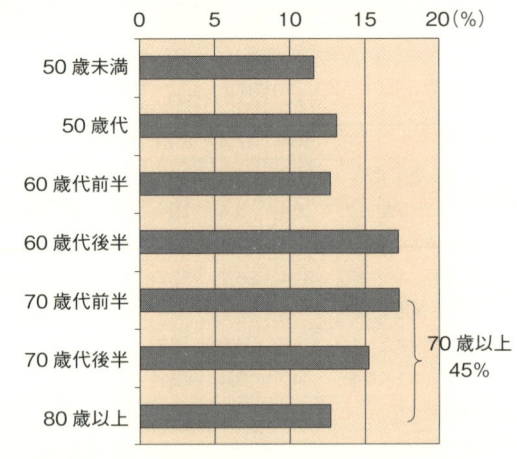

（注）申立時点で年齢が判明している申立人における分布

[3] 全国銀行協会における金融 ADR

田中　豊（弁護士・全国銀行協会あっせん委員〈元最高裁判所調査官〉）

I　全国銀行協会における金融 ADR の展開

　全国銀行協会では、平成 20 年 10 月 1 日、紛争解決機関であるあっせん委員会を発足させました。当委員会は、金融商品取引法上の認定投資者保護団体としてあっせん規則・細則等を定めた上で、あっせんの運用を開始しました。その後、2 年を経て、平成 22 年 10 月 1 日、銀行法上の指定紛争解決機関の指定を受けました。

　銀行には、指定紛争解決機関との間で手続実施基本契約を締結するという銀行法上の義務があるので、現在は各銀行と手続実施基本契約を締結してあっせん業務を行っています。

II　あっせん委員会における紛争解決手続

1　手続の概要

　全国銀行協会におけるあっせん手続の全体の流れは、証券・金融商品あっせん相談センター（FINMAC）とほぼ同じですが、苦情処理手続が前置されています。苦情処理手続は全国銀行協会の相談室で行われており、顧客が納得せず解決に至らなかったものがあっせん手続に回ることになります（図表 1 参照）。

　その手続の流れですが、まず、あっせん委員会に対して、苦情処理で解決できなかった案件について、当事者の方から申立書を提出していただきます。あっせん委員会では、申立書をもとにその案件を受理すべきか否かの適格性審査を行い、その後申立てが受理されると（図表 2 参照）、当事者からの主張と証拠の提出を受けて事情聴取が実施されます（図表 3 参照）。事情聴取を終える

図表1

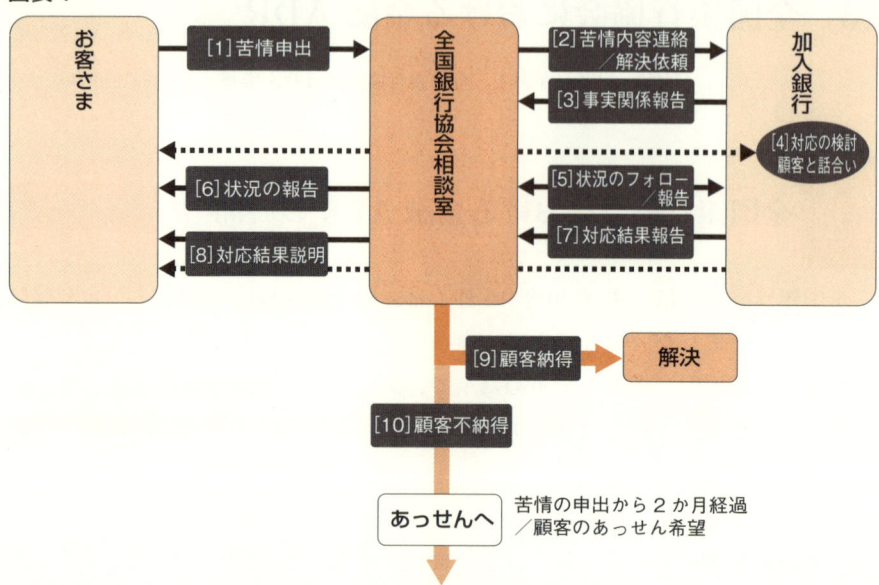

```
お客さま ──[1]苦情申出→ 全国銀行協会相談室 ──[2]苦情内容連絡/解決依頼→ 加入銀行
                                    ←[3]事実関係報告──    [4]対応の検討 顧客と話合い
     ←[6]状況の報告──              ←[5]状況のフォロー報告──
     ←[8]対応結果説明──             ←[7]対応結果報告──
```

[9]顧客納得 → 解決

[10]顧客不納得

あっせんへ　苦情の申出から2か月経過/顧客のあっせん希望

図表2

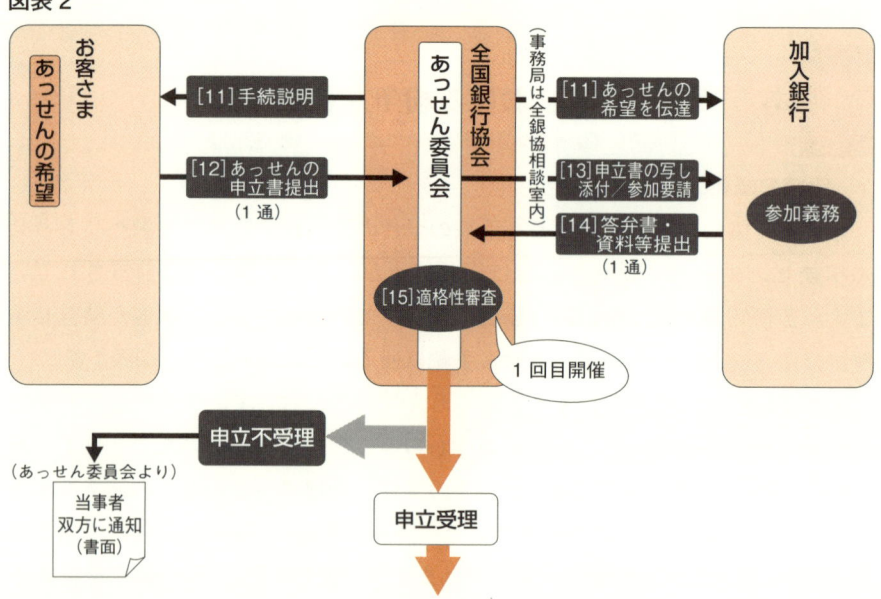

```
お客さま          全国銀行協会 あっせん委員会     加入銀行
 あっせんの希望  ←[11]手続説明──  (事務局は全銀協相談室内)  [11]あっせんの希望を伝達→
          ──[12]あっせんの申立書提出(1通)→   [13]申立書の写し添付/参加要請→   参加義務
                            ←[14]答弁書・資料等提出(1通)──
                    [15]適格性審査　1回目開催
```

申立不受理 ← （あっせん委員会より）当事者双方に通知（書面）

申立受理

第1部　[3]　全国銀行協会における金融ADR

と、あっせん委員会があっせん案を提示し、これが当事者に受諾されればあっせんは成立し、受諾されなければ不成立となります（図表4参照）。なお、あっせん委員会は、あっせんの成立する見込みがない、または互譲によって解決するのが不適切であると思われるような案件の場合は、紛争解決手続を打ち切ることができます。

2　書面等の作成・提出

弁護士の皆さんが、申立人または相手方の代理人として関与することになると、まずは手続に必要な書面を作っていただかなくてはなりません。具体的には申立書・答弁書・その後の主張書面の3つ（資料1～3、108頁以下参照）ですが、これらはあっせん手続の書式として全銀協のホームページ上で公表されており、ダウンロードできるようになっています。これらの申立書・答弁書・その後の主張書面等の書式については、業務規程を受けて運営要領で定められています。訴状・答弁書・準備書面等の記載に慣れておられる皆さんには、いずれも記載上の注意を読んでいただけば無理なく記載できるようになっていると思います。

このほか、デリバティブ案件については、申立書別紙（資料4、115頁以下参照）の提出を推奨しています。この書式は、もともとは申立書提出後に、あっせん委員会から当事者双方に対して質問状を送る際に、これに添付して回答・提出していただいていたものです。手続を迅速に進めるという観点から、現在では、申立書の提出時点で調査がついていて主張が可能なものは、できるだけこうした書面を提出していただくことになっています。

3　適格性の審査

今、説明したような形で申立書・答弁書等が出された案件については、適格性の審査が行われます。これは業務規程26条1項に基づく手続ですが、同条項には紛争解決手続を行わない場合として1号から8号までの規定があり、それに該当するものについては、適格性を有しないものとして受理しないことになっています。

図表3

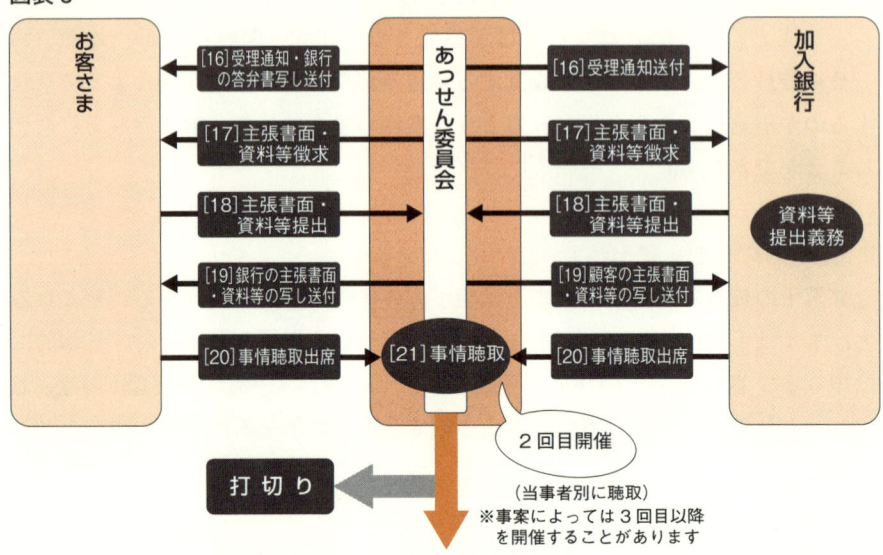

お客さま ←[16]受理通知・銀行の答弁書写し送付― あっせん委員会 ―[16]受理通知送付→ 加入銀行

←[17]主張書面・資料等徴求― [17]主張書面・資料等徴求→

―[18]主張書面・資料等提出→ ←[18]主張書面・資料等提出―

←[19]銀行の主張書面・資料等の写し送付― [19]顧客の主張書面・資料等の写し送付→

[20]事情聴取出席→ [21]事情聴取 ←[20]事情聴取出席

（加入銀行側）資料等提出義務

2回目開催
（当事者別に聴取）
※事案によっては3回目以降を開催することがあります

→ 打切り

図表4

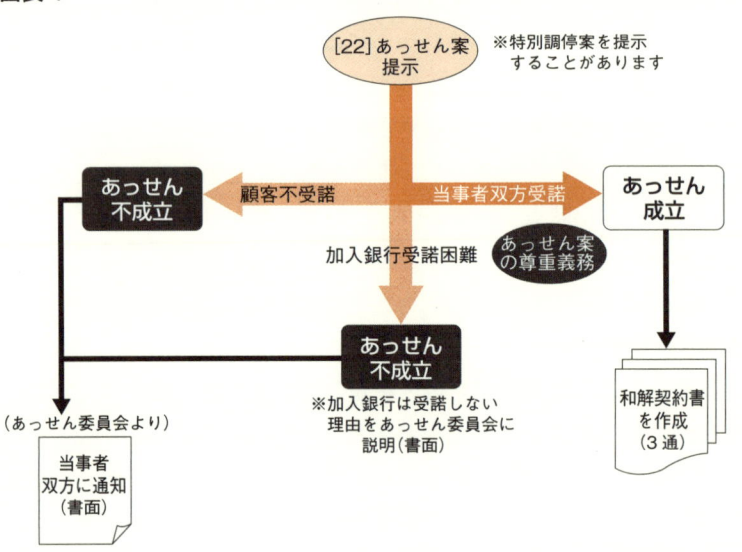

[22]あっせん案提示　※特別調停案を提示することがあります

←顧客不受諾― あっせん不成立

―当事者双方受諾→ あっせん成立 → 和解契約書を作成（3通）

あっせん案の尊重義務

加入銀行受諾困難 ↓ あっせん不成立
※加入銀行は受諾しない理由をあっせん委員会に説明（書面）

（あっせん委員会より）当事者双方に通知（書面）

28　第1部　[3]全国銀行協会における金融ADR

> **第 26 条**（紛争解決手続を行わない場合）
> 　あっせん委員会は、前条第1項の適格性の審査において、あっせんの申立ての内容が次の各号のいずれかに該当すると判断した場合には、以後、紛争解決手続を行わない。
> (1)　取引の名義が当該顧客本人でない場合（ただし、相続等明らかに合理的な理由がある場合を除く。）
> (2)　消滅時効期間が満了していることが明らかである場合
> (3)　訴訟が終了または民事調停が終了したものである場合
> (4)　過去にあっせん委員会によるあっせんを受け、その手続が終了したものである場合
> (5)　他の指定紛争解決機関や紛争の解決を実施する外部機関によるあっせん、仲裁等の手続が終了または手続中のものである場合
> (6)　加入銀行の経営方針や融資態度、あるいは銀行員等個人に係わる事項等、事柄の性質上、紛争解決手続の利用が適当でないと認められる場合
> (7)　申立てが申立書の記載内容全体からして失当であることが明らかである場合
> (8)　不当な目的で、またはみだりにあっせんの申立てをしたと認められる場合

　ここでは、実際に適用されることが多い26条1項6号についてのみ取り上げます。同条項には、「加入銀行の経営方針や融資態度、あるいは銀行員等個人に係わる事項等、事柄の性質上、紛争解決手続の利用が適当でないと認められる場合」とあります。ここで、銀行の経営方針や融資態度に係る事項を問題にするものといっているのは、たとえば、一定の商品を取り扱っていないことや、現在の金利水準に関する不満・不服等が挙げられます。実例として、ペット犬の入店の全面禁止を求める申立てもありました。
　また、同じく6号に該当するものとしては、かなり詳細なまたは専門的な証拠調べ手続を実施しないと、当事者の満足が得られるような、または正義に適うような、的確な事実認定ができず、その結果あっせん案を提示すること自体がそもそも期待できないといった類型があります。たとえば、ATMで引き出

した現金を数週間後に確かめてみたら不足していたのでその支払いを求めるといったものです。こうした事案は、今説明したような理由から適格性なしとしています。

4　事情聴取の実施

　適格性審査を経て受理となった事案については、事情聴取が実施されます。事情聴取の実施前には、ほとんど全事件で、あっせん委員会から当事者に質問書を送り、それに対して主張書面で回答し、資料を提出していただいています。その上で事情聴取に臨み、1つの事件について大体2時間で、あっせん案の提示にまで到ることを目標に、手続を運営しています。

　事情聴取は、本人に言いたいことを言っていただくというカタルシスの効果と、当事者双方に自らの側にはどういう問題点があるのかを認識していただくことを念頭に置いて実施しています。それが、互譲を引き出すポイントになっていると思います。

5　あっせん案・特別調停案の作成・提示

　あっせん手続の終局状況ですが（図表5参照）、平成20年度以降の終了件数693件中、和解成立で終了したのは352件、全体の50.8％に当たります。ただ、この693件には、適格性審査で不受理または取下げとなった件数が含まれているので、これらを除いた件数で見てみると、536件中の352件が和解で終了となり、65.7％というかなり高い成立率であることがわかります。

　ただ、あっせん委員会としては、必ずしも和解率が高いこと自体に価値があるとは考えていません。実際、案件の中には裁判によるのがふさわしい、または互譲による解決に適さないものも含まれているので、当事者双方に裁判を受ける権利があること等を十分考慮して、裁判との役割分担について意識しつつ、あっせん手続を進めることにしています。

図表5　手続の終了（あっせん結果）

		申立年度					合計
		20年度	21年度	22年度		23年度	件数
				～9月	10月～		
申立総件数		26	88	322		760	1196
				68	254		
終了案件	総数	26	88	68	251	260	693
	和解	12	35	35	146	124	352
	申立人不受諾	1	1	1	2	1	6
	打切り	6	27	13	57	75	178
	取下げ	3	4	2	3	9	21
	不受理	4	21	17	43	51	136
係属中	総数	0	0	0	3	500	503
	事情聴取実施	0	0	0	3	227	230
	事情聴取前	0	0	0	0	130	130
	適格性審査前	0	0	0	0	143	143

（注）平成23年12月末時点の計数

図表6　年度別申立件数

年度	指定ADR前	指定ADR後
20年度	20	
21年度	88	
22年度	68	254
23年度		760

（注）平成23年度は平成23年4～12月までの計数

Ⅱ　あっせん委員会における紛争解決手続

Ⅲ 新受件数の激増とその対策

1 新受件数の推移と都道府県別分布

最近、いろいろなマスコミにも取り上げられていますが、平成22年から23年にかけての新受件数は、驚くほどの増え方をしています（図表6参照）。平成22年度には月平均26.8件だったのが、23年に至って63.3件という倍以上のペースで伸びています。これを申立人の所在地別に見てみると、東京・神奈川・埼玉・千葉4県の合計は46.4％、大阪・兵庫・京都3県の合計が18.4％となっています。

2 全銀協における対策

このような事件の激増を受けて、全銀協では、あっせん委員会の拡充と地方展開を図ってきました。

平成22年10月1日当時、東京には6つの小委員会があって（小委員会は3名〔弁護士、消費者問題専門家、全銀協役職員等〕で構成）、これだけで案件を処理していましたが、このような事件の激増、特にデリバティブ商品に係る紛争の激増を受けて、平成23年2月17日にデリバティブ専門小委員会を設置し、毎営業日に開催しています。また、それ以外の事件、たとえば証券や保険の窓口販売に係る紛争も増加している現状を受けて、地方にも順次、小委員会を設置しています。その結果、現在では、16の小委員会（東京7、大阪2、名古屋・札幌・仙台・福岡・広島・高松・金沢各1）とデリバティブ専門小委員会で対応をしています。

Ⅳ 手続の簡易迅速と解決内容の適正さ

1 申立てから事情聴取までの期間

あっせん手続にどのぐらいの時間を要するかというと、全銀協の場合は、最

近のデータによれば、申立てから適格性審査までに約 50 日、事情聴取までに約 100 日かかっています。ただし、デリバティブ専門小委員会では、これよりも短い期間で対処しており、それぞれ 30 日、50 日となっています。したがって、現在の処理の実態からいうと、申立てから約 100 日を目処にして事情聴取をし、1 回の事情聴取でほとんどの事件が解決に至っていることになります。今後も、この程度の案件処理スピードは維持したいと考えています。

2 裁判を受ける権利とあっせん規範

最後に、あっせん委員会が、どういうことを考えながらあっせん手続に取り組んでいるかについてお話したいと思います。

まず、あっせんの基本は、実体法の法令です。主要な争点としては、説明義務違反と適合性原則違反が挙げられますが、これに加えて、銀行の優越的地位の濫用という争点があります。この 3 番目の争点としては、真正な意味での優越的地位の濫用の主張がされることももちろんありますが、多くの申立て事件おいて主張されるのは、必ずしも本来的な意味での法律論にまでなってはいないものであって、たとえば、「証券会社の勧誘員の勧誘だったら買わなかったけれど、銀行員に勧誘されたから買った。銀行員が損するものを売るとは思っていなかった」というような主張がされます。

基本を実体法の法令に置きつつ、どういうことを考えてあっせん案に至るかというと、法令が要求するものでなくても、たとえば、金融業界のルールや当該問題になっている銀行内のルールの遵守状況等がどうであったかについても審理の対象にして、そこからの乖離の程度等もあっせん案の中に反映させるようにしています。最近極めて多く見られるものとしては、高齢者への販売について、高齢者ルールの遵守の問題があります。

ただ、そのように法令だけではなくて、業界ルールや行内ルールをも取り込んだ解決を目指してはいますが、顧客側のモラルハザードを誘発することのない解決にすべきことを念頭に置いています。また、当事者双方とも裁判を受ける権利を有しているわけですから、裁判によって解決するのがふさわしい事件は、裁判所に行っていただくことにしています。したがって、あっせん委員会

の適格性審査のゲートをくぐってきたものであっても、結果的には打切りという形で手続を終わりにする方が妥当であると考えられるものもあります。

[4] 日本損害保険協会における金融ADR

大宮　立（弁護士・そんぽADRセンター紛争解決委員）

I　そんぽADRセンターの沿革

―日本損害保険協会における従来からの取組み

　日本損害保険協会においては、他の業界団体同様、金融ADR制度の整備に伴って、平成22年10月1日から保険業法上の指定紛争解決機関として、そんぽADRセンター（正式名称は「損害保険紛争解決サポートセンター」、平成24年4月からは「損害保険相談・紛争解決サポートセンター」（後述））を発足させましたが、同協会では、それ以前から裁判外での相談、苦情対応あるいは紛争対応を行ってきました。

　具体的には、昭和40年度から相談・苦情受付機関として「そんがいほけん相談室」、紛争解決機関として「損害保険調停委員会」を自主的に設置しています。そんがいほけん相談室については、東京に本部を、全国10カ所に支部を置いて、合計11か所で年間約4万件の損害保険全般に係る苦情処理をしてきました。また、昭和46年度からは「自動車保険請求相談センター」を設置しています。同センターは平成23年4月時点で全国47カ所に設置されており、年間約6万件の自動車保険や自賠責保険の保険金の支払いに関する相談や苦情に対応しています。

　そんぽADRセンターの発足に伴い、これらの機関のうち損害保険調停委員会の業務は、一般紛争事案の紛争解決機関としてそんぽADRセンターがその業務を引き継ぎましたが、そんがいほけん相談室と自動車保険請求相談センターは、従前どおりに業務を継続してきました。しかし、後ほど少し説明をしますが、この2つの相談・苦情受付機関についても、今年（平成24年）の4月から、そんぽADRセンターに集約されて業務を一本化し、正式名称も損害保険

相談・紛争解決サポートセンターに変更することが決まっています（その後、平成 24 年 4 月 1 日をもって上記名称に変更済）。

II　そんぽ ADR センターの損害保険業界内における位置付け

　損害保険業界には、2 つの業界団体が存在しており、それぞれが ADR 機関を整備しています。その 1 つが、国内保険会社 25 社を協会員とする社団法人日本損害保険協会が整備している、そんぽ ADR センターです（平成 24 年 4 月 1 日をもって一般社団法人に移行）。

　もう 1 つは、外国系損害保険会社 26 社を主な協会員とする一般社団法人外国損害保険協会が整備している、保険オンブズマンです。

III　そんぽ ADR センターによる苦情、紛争対応の概要

　初めに申し上げておきますと、そんぽ ADR センターの紛争解決手続の対象となるのは、日本損害保険協会の協会員を相手方とする申立てに限られます。この点は、ぜひご注意いただければと思います。

　そんぽ ADR センターにおける紛争解決手続の全体の流れは、全国銀行協会や証券・金融商品あっせん相談センター（FINMAC）の手続と同様のものですが、当センターでは、苦情処理手続と紛争解決手続の 2 つの手続が定められています。

　2 つの手続の流れを簡単に説明しておきますと、そんぽ ADR センターで苦情の申出を受けると、まずはこれを保険会社に通知し、保険会社と苦情の申出人との間での自主的な解決を促します。それでも解決が図られない場合、あるいは当事者のどちらかが第三者の仲介による解決を望む場合には、次の段階として紛争解決手続に進むことになります。ここでは、中立・公正な第三者である弁護士等を紛争解決委員に選任して、この紛争解決委員が和解案の提示を行っています（図表 1 参照）。

図表1　苦情処理手続および紛争解決手続の主な流れ

※標準的な手続の進行例です。

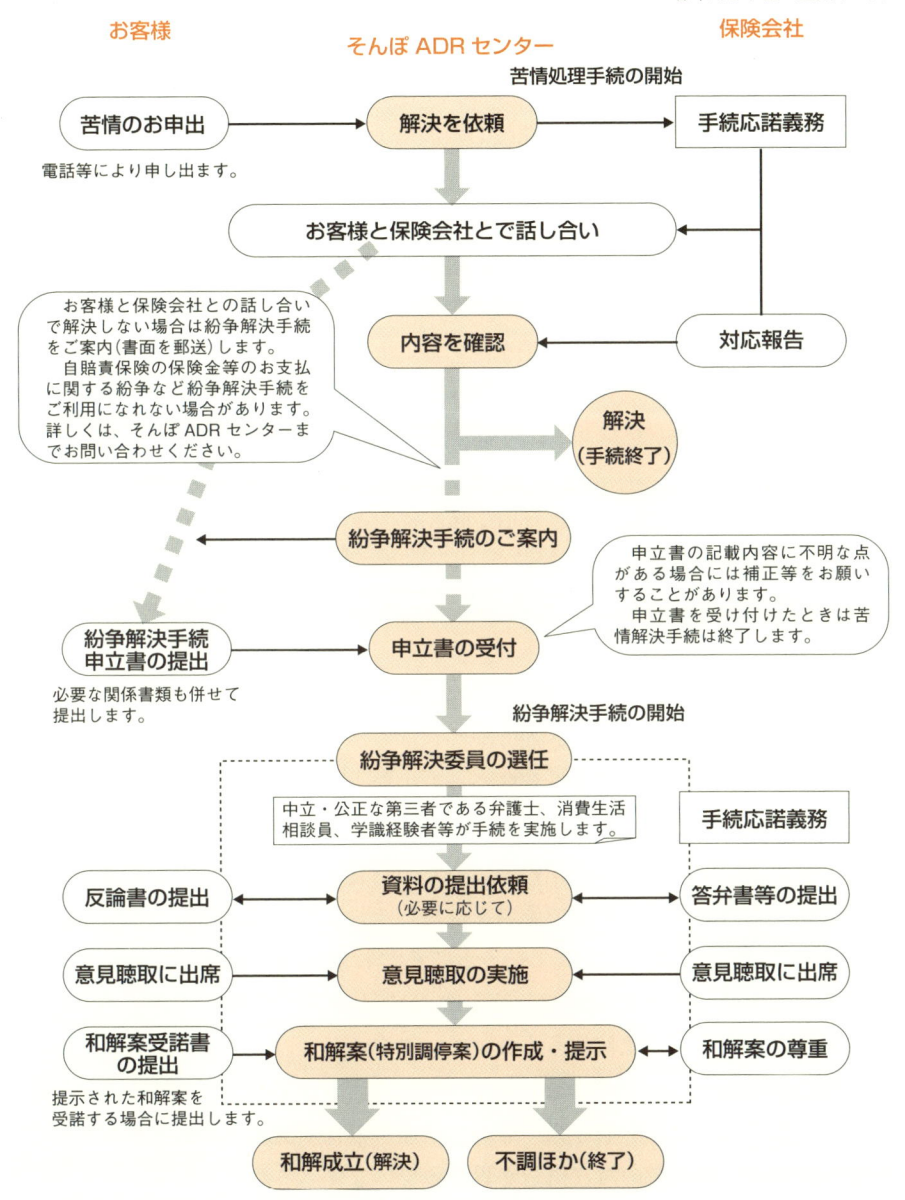

お客様　　**そんぽADRセンター**　　**保険会社**

苦情処理手続の開始

- 苦情のお申出（電話等により申し出ます。）→ 解決を依頼 → 手続応諾義務
- お客様と保険会社とで話し合い ← 対応報告
- 内容を確認 ← 対応報告
- 解決（手続終了）

お客様と保険会社との話し合いで解決しない場合は紛争解決手続をご案内（書面を郵送）します。
自賠責保険の保険金等のお支払に関する紛争など紛争解決手続をご利用になれない場合があります。
詳しくは、そんぽADRセンターまでお問い合わせください。

- 紛争解決手続のご案内
- 紛争解決手続申立書の提出（必要な関係書類も併せて提出します。）→ 申立書の受付

申立書の記載内容に不明な点がある場合には補正等をお願いすることがあります。
申立書を受け付けたときは苦情解決手続は終了します。

紛争解決手続の開始

- 紛争解決委員の選任
  中立・公正な第三者である弁護士、消費生活相談員、学識経験者等が手続を実施します。　手続応諾義務
- 反論書の提出 ― 資料の提出依頼（必要に応じて）― 答弁書等の提出
- 意見聴取に出席 ― 意見聴取の実施 ― 意見聴取に出席
- 和解案受諾書の提出（提示された和解案を受諾する場合に提出します。）― 和解案（特別調停案）の作成・提示 ― 和解案の尊重
- 和解成立（解決）　／　不調ほか（終了）

1 苦情処理手続

現在のところ、そんぽADRセンターの苦情受付窓口は東京1カ所のみで（ナビダイヤル：0570-022-808）、19名の協会スタッフが苦情の受付を行っています。

当センターでは、苦情受付を開始した段階で、苦情の申出から紛争解決手続までを記した書面を申立人に郵送します。一方で、先ほどお話したように、保険会社にも通知し、保険会社と申出人との間での自主的解決を促します。その後、60日を経過しても当事者間で解決がなされなかった場合は、紛争解決手続の案内書面を送付し、当事者からの申立てがあれば、これに応じて当センターの紛争解決委員が紛争解決手続を進めることになります。

なお、平成24年4月から、そんがいほけん相談室と自動車保険請求相談センターがそんぽADRセンターに再編・統合されることは、すでにお話しましたが、これに伴って、そんぽADRセンターの苦情受付窓口が全国11カ所に拡大します（図表2、平成24年11月末時点で全国11カ所で苦情受付を実施中）。

2 紛争解決手続

(1) 一般紛争と交通賠責

そんぽADRセンターの紛争解決手続における紛争類型は、2種類あります。1つは一般紛争、もう1つは交通賠責です。

一般紛争は、保険契約者等と保険会社との間のトラブル全般を取り扱う紛争類型で、審議機関は東京と大阪にそれぞれ2カ所設置されています。一般紛争の紛争解決機関は、先ほど沿革のところでお話したとおり、損害保険調停委員会の業務を引き継ぐような形で業務を継続しています。歴史的に、損害保険調停委員会では、いわゆるADRでいうところの特別調停案を出して解決を図るという運用を行ってきた関係で、そんぽADRセンター発足後も特別調停案を出して解決を図る例が比較的多くなっています。

一方、交通賠責は、交通事故（自動車保険の対人・対物賠償）の被害者と保険会社との間のトラブルを取り扱うもので、通常の保険契約者等と保険会社との紛争類型とは、当事者の対立構造が異なっています。これは、従来、財団法人

図表2　そんぽADRセンターの連絡先および所在地

ナビダイヤル(全国共通)
0570-022808 ＜通話料有料＞
※PHS・IP電話からは、以下の直通電話へおかけください。

※ナビダイヤルからは、お客様の発信地域に応じて最寄りのそんぽADRセンターにお電話をおつなぎします。(混雑状況により、他のそんぽADRセンターにつながる場合もあります。)
※受付日時は、月～金曜日(祝日・休日および12月30日～1月4日を除く)の午前9時15分～午後5時です。

そんぽADRセンター北海道	そんぽADRセンター東北	そんぽADRセンター東京
[直通電話]011-351-1031 [所在地]〒060-0001 札幌市中央区北一条西7-1 三井住友海上札幌ビル7階	[直通電話]022-745-1171 [所在地]〒980-0811 仙台市青葉区一番町2-8-15 太陽生命仙台ビル9階	[直通電話]03-4332-5241 [所在地]〒101-8335 千代田区神田淡路町2-9 損保会館
そんぽADRセンター静岡	そんぽADRセンター北陸	そんぽADRセンター中部
[直通電話]054-333-5051 [所在地]〒420-0031 静岡市葵区呉服町1-1-2 静岡呉服町スクエア8階	[直通電話]076-203-8581 [所在地]〒920-0919 金沢市南町5-16 金沢共栄火災ビル4階	[直通電話]052-308-3081 [所在地]〒460-0008 名古屋市中区栄4-5-3 KDX名古屋栄ビル4階
そんぽADRセンター近畿	そんぽADRセンター中国	そんぽADRセンター四国
[直通電話]06-7634-2321 [所在地]〒541-0041 大阪市中央区北浜2-6-26 大阪グリーンビル9階	[直通電話]082-553-5201 [所在地]〒730-0036 広島市中区袋町3-17 シシンヨービル12階	[直通電話]087-883-1031 [所在地]〒760-0047 高松市塩屋町10-1 共栄火災ビル6階
そんぽADRセンター九州	そんぽADRセンター沖縄	※来訪による相談等をご希望の場合は、必ず、事前にお電話でご予約のうえお越しください。
[直通電話]092-235-1761 [所在地]〒810-0041 福岡市中央区大名2-4-30 西鉄赤坂ビル9階	[直通電話]098-993-5951 [所在地]〒900-0033 那覇市久米2-2-20 大同火災久米ビル9階	

交通事故紛争処理センター（略称「紛セ」）が紛争処理を行っていたのと同じような類型です。交通賠責の審議機関は東京のみに設置されています。解決方法は一般紛争の場合とは異なり、和解勧告を原則とし、必要に応じて特別調停案を提示しています。

なお、いずれも、手続自体は保険会社が申し立てることも可能です。

(2) 紛争解決委員

次に、紛争類型ごとの紛争解決委員の体制ですが、まず一般紛争については、平成23年8月時点で弁護士・消費生活相談員・学識経験者各4名、計12名の紛争解決委員がいます。東京と大阪のそれぞれに2つ、合計4つの合議制の審査会があり、各審査会は、12名の紛争解決委員のうち、弁護士・消費生活相談員・学識経験者から各1名が選任され、3人の紛争解決委員で構成されます。

この審査会は、現在、東京・大阪とも、原則として月2回の定時開催となっており、1回の審査会で複数の事案を審議します。通常、昼から始まって、そ

のときに係っている複数の事案が解決するまで、ずっと審議が継続するという形で審査が進められています。

　事案ごとの開催回数に特に基準はありませんが、平均すると、1事案当たり2～3回程度になっています。業務規程上は、紛争解決手続は申立てを受けた日から原則として4カ月以内に和解案を作成するように努めることが定められているので、これに従って運用を行っていますが、中には4カ月を超えるようなケースもあるようです。

　次に交通賠責についてですが、紛争解決委員は平成23年8月時点で27名（平成24年10月時点で29名）おり、その全員が弁護士です。一般紛争とは異なり、原則として独任制をとっています。ただし、特別調停案を出すような例では、合議制をとる場合もあります。審査機関は東京に1カ所設置するのみで、申立てを希望される場合には、東京まで出てきていただく必要があります。

　また、先ほど申し上げたように、本年（平成24年）4月以降の体制変更により、そんぽADRセンターの受付窓口が全国11カ所に拡大されることに伴い、一般紛争の事案では、東京と大阪の審議機関だけでなく、最寄りのそんぽADRセンターにおいてテレビ会議システムを利用した意見聴取が行えるようになります。これにより、一般紛争については各利用者の利便性の向上が期待されています（平成24年11月末時点において、全国11カ所でテレビ会議システムを利用した意見聴取を実施中）。

　これに対して交通賠責については、事案の性質上、事故現場の写真や再現図等の書類を確認しながら当事者の意見聴取を行い、事故原因や損傷箇所を特定する作業が必要とされるため、現時点においてはテレビ会議システムによる意見聴取は予定していません。4月以降も、審査機関は東京に1カ所設置するのみというのが現状です（図表3、図表4参照）。

3　苦情処理手続・紛争解決手続の標準的なスケジュールの流れ

　苦情処理手続および紛争解決手続（一般紛争・交通賠責）の標準的なスケジュールの流れについては、資料5-①・②のとおりです（118頁以下参照）。な

図表3　紛争の区分と概要

	紛争の当事者、紛争の概要	紛争解決委員	手続の概要、手続実施場所
一般紛争	申立人＝契約者・被保険者　保険金支払等に関する紛争	複数名（審査会による合議）	答弁書等提出書面による争点整理　当事者に意見聴取　手続実施場所：東京・大阪
交通賠責	申立人＝交通事故等の被害者　損害賠償に関する紛争（自賠除く）	1名（弁護士）　※必要に応じて審査会	当事者からの意見聴取、答弁書による争点整理　手続実施場所：東京

図表4　紛争解決手続関係の書類等

申立書類	■申立人が自らの主張(申立ての内容)等を記載してADRセンターに提出 ■苦情の解決依頼から60日経過、申出人が紛争解決手続希望→ADRセンターが送付
答弁書	■申立人提出の申立書に対する保険会社の調査・検討の結果や経緯等を記載して提出 ■紛争解決委員→保険会社に対して提出依頼
反論書	■保険会社提出の答弁書に対する意見・反論等を記載して提出 ■紛争解決委員→申立人に対して提出依頼
意見聴取	■紛争解決委員が、申立人・保険会社から直接、事案の内容、争点、和解に向けての考え等を聴取(事前に日時等をADRセンターから案内)
和解案	■和解に導くため、紛争解決委員→申立人・保険会社に対して提示 ■和解案のうち、特別調停案は保険会社に受諾義務あり
終了通知	■和解が成立した場合や和解成立の見込みなく手続を終了する場合等に申立人・保険会社に通知

お、手続の利用料については無料です。ただし、通信費、意見聴取のための交通費・宿泊費等の実費については申立人自身で負担していただいています。

IV　訴訟手続との関係

　訴訟手続との関係についてですが、時効の中断と訴訟手続の中止という点に特徴があります。これは、他のADR手続に共通する部分もあるので、それぞ

れ保険業法308条の14、同法308条の15をご確認いただければと思います。

> **（時効の中断）**
> **第308条の14** 紛争解決手続によっては保険業務等関連紛争の当事者間に和解が成立する見込みがないことを理由に紛争解決委員が当該紛争解決手続を終了した場合において、当該紛争解決手続の申立てをした当該保険業務等関連紛争の当事者がその旨の通知を受けた日から1月以内に当該紛争解決手続の目的となった請求について訴えを提起したときは、時効の中断に関しては、当該紛争解決手続における請求の時に、訴えの提起があったものとみなす。
> 2 指定紛争解決機関の紛争解決等業務の廃止が第308条の23第1項の規定により認可され、又は第308条の2第1項の規定による指定が第308条の24第1項の規定により取り消され、かつ、その認可又は取消しの日に紛争解決手続が実施されていた保険業務等関連紛争がある場合において、当該紛争解決手続の申立てをした当該保険業務等関連紛争の当事者が第308条の23第3項若しくは第308条の24第4項の規定による通知を受けた日又は当該認可若しくは取消しを知った日のいずれか早い日から1月以内に当該紛争解決手続の目的となった請求について訴えを提起したときも、前項と同様とする。
>
> **（訴訟手続の中止）**
> **第308条の15** 保険業務等関連紛争について当該保険業務等関連紛争の当事者間に訴訟が係属する場合において、次の各号のいずれかに掲げる事由があり、かつ、当該保険業務等関連紛争の当事者の共同の申立てがあるときは、受訴裁判所は、4月以内の期間を定めて訴訟手続を中止する旨の決定をすることができる。
> 　一　当該保険業務等関連紛争について、当該保険業務等関連紛争の当事者間において紛争解決手続が実施されていること。
> 　二　前号の場合のほか、当該保険業務等関連紛争の当事者間に紛争解決手続によって当該保険業務等関連紛争の解決を図る旨の合意があること。
> 2 受訴裁判所は、いつでも前項の決定を取り消すことができる。
> 3 第1項の申立てを却下する決定及び前項の規定により第1項の決定を取り消す決定に対しては、不服を申し立てることができない。

V　その他の紛争解決機関との比較

　私自身は交通賠責の紛争解決委員を務めておりますので、以下では、交通賠責の問題を中心にお話したいと思います。

　交通賠責の紛争類型については、すでにご承知のとおり、過去にも同じような裁判外の紛争処理機関がありました。1つは、先ほど紹介した公益財団法人交通事故紛争処理センター、通称「紛セ」です。もう1つは、日本弁護士連合会（日弁連）の交通事故相談センターで、示談のあっせん手続を行っています。

　これらの機関における手続とそんぽADRセンターの紛争解決手続、特に交通賠責の場合ですが、何が違うのかと疑問を持たれる方もいらっしゃると思います。もちろん、共通点もたくさんあるのですが、ここで簡単に相違点について触れたいと思います。

1　公益財団法人交通事故紛争処理センター

　まず、紛セとそんぽADRセンターの違いは、先ほど説明をしたように、そんぽADRセンターの交通賠責は東京1カ所で受け付けているのに対して、紛セは全国8支部2相談室で行っていることです。また、時効中断効等については、そんぽADRセンターには認められていますが、紛セには法令上の規定はありません。

図表5　公益財団法人交通事故紛争処理センターとの比較

	交通事故紛争処理センター	そんぽADRセンター
設立根拠法	民法	保険業法
設置場所	全国8支部2相談室	東京のみ（交通賠責）
時効の中断	特段の規定なし	時効中断効あり
あっせん案・和解案	あっせん案の提示	和解案の提示
裁定案・特別調停案の強制力	裁定案について損保会社は尊重する	特別調停案について一定の事由を除き損保会社に受諾義務あり

それから、紛セの事件においては、通常、保険会社側は現場の査定部署が担当し、本社が直接出てくるケースはあまりないと聞いていますが、そんぽADRセンターの紛争解決手続では、保険会社に対する申立書の送付や答弁書・意見聴取への出席依頼等の書面はすべて、保険会社の代表者宛てに出状しています。これらの書類のほか、和解案受諾書等についても、保険会社の代表者名で提出する必要があるので、基本的には、保険会社側も現場の査定部署限りで事件が処理されてしまうことはなく、ほとんどのケースにおいては本社と現場の査定部署両方の担当者が出てきます。最近では、むしろ本社のほうが現場を説得して、和解案をまとめるというようなケースもかなり出てきています。そういう意味で、そんぽADRセンターの紛争解決手続は和解成立の可能性が高いといえるのではないかと思います。

2　日本弁護士連合会交通事故相談センター

　次に、日弁連交通事故相談センターですが、こちらは全国167カ所に相談センターがあって、39カ所で示談あっせんを行っています。日弁連交通事故相談センターは、保険会社を相手方とする紛争に限定せず、保険が付されていない無保険の事件についても相談の対象としている点においては、そんぽADRセンターよりも、取り扱う事件の範囲は広いといえます。ただし、相手方に示談あっせんの手続に応ずる意思がない場合には手続が開始されないという点、保険会社にはあっせん案を受諾する義務がないという点は、日弁連交通事故相談センターの手続の特徴で、ここからすると、そんぽADRセンターの手続のほうが解決につながりやすいといえると思います。

3　一般財団法人自賠責保険・共済紛争処理機構

　それから、平成14年4月に設立された一般財団法人自賠責保険・共済紛争処理機構では、自賠責保険金の支払いに関して生じた紛争、たとえば、後遺障害等級認定や過失の有無等について、弁護士・医師・学識経験者で構成される紛争処理委員が調停手続を行っており、業務の対象となる紛争類型が異なっています。

VI 紛争解決手続に関する運用の状況

　そんぽADRセンター発足から1年間の運用の状況（平成22年10月1日～23年9月30日）を見てみますと、受付総件数は293件、このうち既済件数が180件となっています。これは一般紛争と交通賠責を合わせた件数で、個別にみると交通賠責については、1年間の受付総件数が40件、既済件数が29件で、この既済件数29件のうち19件について和解が成立しています。和解成立率は65.5%になります（平成24年12月時点で和解成立率は75%）。

VII そんぽADRセンターの交通賠責のメリット

　最後に、そんぽADRセンターの交通賠責のメリットあるいは特徴等について、若干補足したいと思います。

　他の金融ADR手続と比べた場合、そんぽADRセンターの交通賠責では、保険契約者である加害者が当事者とならず、被害者と保険会社、すなわち直接の契約関係にない者同士が紛争解決の当事者になるので、たとえば、事故当時の状況等について加害者から直接話を聞くという手続が現時点では認められていません。過去に、加害者が保険会社の関係当事者として出頭した例はありますが、紛争解決委員が直接意見聴取を行うために加害者を呼び出せるかどうかについては、現時点においても議論があり、いまだ制度化には至っていません。このあたりは、交通賠責に特徴的な利害対立構造といえるのではないかと思います。

　続けて、いくつかの特徴を挙げますと、まず、そんぽADRセンターの交通賠責では、意見聴取に、1回当たり1時間ぐらいの時間を割きます。長いときには2時間に及ぶことがあります。また一般紛争の審査会についても、3～4回開催し、かなり丁寧に審議を行っています。しばしば、申立人の方からは、「こんなに丁寧に話を聞いてもらえたのは初めてだ」という言葉が聞かれま

す。要するに、「加害者もろくに話を聞いてくれない。保険会社も杓子定規な事務対応をするので、非常に腹を立てていた。そんぽADRセンターに来て初めて自分の話を聞いてもらえて嬉しい」ということなのでしょう。実際、こうした丁寧な対応が和解の足がかりになることも少なくありません。

　それから、交通賠責の紛争委員は、事前にシフトが決まっており、期日調整をする必要がほとんどありません。したがって、現状では、手続開始から紛争解決まであまり長く待たされることはありません。一般紛争も、交通賠責も、おおむね3～4カ月で紛争解決がなされています。こうした比較的迅速な解決が、1つの特徴といえると思います。

　さらにもう1つ特徴を挙げると、そんぽADRセンターの手続については、交渉能力の弱い被害者を救済するという性格も有していることです。実際に私が担当する事件でも、請求額が10万円、20万円というケースが少なくないわけです。こういう事件については、もし被害者が、弁護士に依頼し訴訟しても赤字になってしまうので、依頼された側としても、なかなか事件対応に難しいところもあろうと思います。そういう事件については、弁護士の方にそんぽADRセンターを紹介していただくことによって、われわれが後見的な立場から当事者の意見を聞き、妥当な解決を図っていきますので、そういう形でのそんぽADRセンターの利用も、ぜひ検討していただければと思います。

第2部

金融ADR制度の活用と各金融ADR機関の特徴について

―パネルディスカッション―

○パネリスト　河井　　聡（弁護士・日弁連ADRセンター事務局次長）
　　　　　　　大谷　禎男（弁護士・証券・金融商品あっせん相談センター（FINMAC）
　　　　　　　　　　　　　あっせん委員〈元東京高等裁判所部総括判事〉）
　　　　　　　田中　　豊（弁護士・全国銀行協会あっせん委員
　　　　　　　　　　　　　〈元最高裁判所調査官〉）
　　　　　　　大宮　　立（弁護士・そんぽADRセンター紛争解決委員）
　　　　　　　田中　博文（弁護士・東京三会金融ADR調停委員）
○司　会　　　渡部　　晃（弁護士・日弁連ADRセンター委員長）
　　　　　　　森　　倫洋（弁護士・日弁連ADRセンター事務局長）

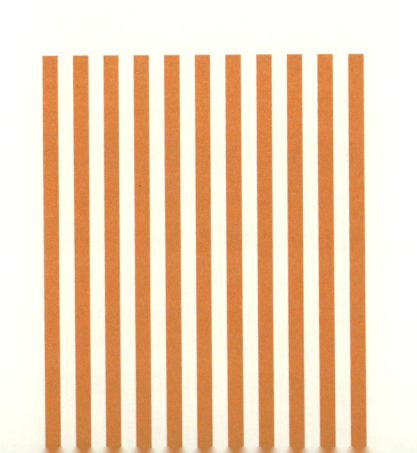

I　はじめに

渡部　第2部のパネルディスカッションは、大きく5つに分けて行います。最初に、①手続選択、申立て、苦情処理から移行段階の問題を扱います。続いて、②あっせん委員の構成、選任と手続進行段階の問題、③和解案提示、特別調停案の活用や和解成立に関わる問題、④履行確保の結果の公表や情報の共有に関する問題という順で議論を進め、最後に、⑤総括に移りたいと思います。

　まず、第一東京弁護士会の消費者委員会の委員長を務めた経験があり、現在は東京三会の金融ADRあっせん人をなさっている田中博文先生から、金融ADRの利用者が、その利用に際し特にどのような点にメリットを感じているか、また、訴訟にするか金融ADRにするかという手続選択の問題としてどのような点にメリットを感じているかについて、少しご紹介いただきたいと思います。田中先生、よろしくお願いします。

II　紛争解決の手続選択

1　金融ADRを利用するメリット

田中（博）　弁護士の田中です。金融ADRは、歴史が浅いものですから、私自身も、まだそれほど多く申立てを行った経験はありません。私が、最近、第一東京弁護士会（一弁）の弁護士の方から紹介を受けたのは、現物取引や信用取引を行って6年間で6億8000万円ぐらいを損失してしまい、現在はほとんどお金がなくて年金生活をしているという状況にある人でした。6億8000万円の投資被害、これを裁判所に訴えたら何百万円も費用がかかると思いますが、証券・金融商品あっせん相談センター（FINMAC）等の機関に申し立てれば、最も高くても5万円の費用で済みます。ですから、まず1つには、費用が安いということが金融ADRを利用するメリットですね。

　それから、先ほど大谷先生から説明があったように、苦情処理手続の標準処

理期間は2カ月、あっせん手続で4カ月かかりますが、これを合わせても約6カ月という、比較的早期の解決が図れる点が挙げられます。

　最近できた制度なのですが、先物業界では、日本商品先物取引協会（日商協）であっせんの手続を行っていて、私も10件ぐらい担当しました。この制度については、個々で評価が違うと思います。やはり訴訟のほうがよいという人もいます。しかし、私は、まずはあっせん制度を利用すべきだと思います。ADRも、事案によっては低廉な費用と早期解決という点では、非常によい制度だと、私は思っています。

　それと苦情処理手続の制度については、最初、私は、電話でちょっと苦情を受ける程度の簡単なものかと思っていたのですが、実際に担当してみると、FINMACの相談員の方が業者に対して、実にいろいろな段取りをしてくれました。先ほどお話した株取引の事案についても、適合性違反があったのですが、一方で無断売買もあったということで、相談員の方から「業者との株注文の際の電話録音テープを聞いたらどうですか」といわれました。私は、「もちろん、いいですよ。ただし、生のテープを聞かせてください。編集されたものでは意味がないですから」と答えました。業者側から「顧問弁護士と相談してみるから」といわれて、結局承諾が得られず、実現しなかったという経緯がありました。

　あっせん申立てにあたっては、あっせん手続の前に苦情処理手続があることを、是非、考慮に入れていただきたいと思います。なぜかというと、先ほど申し上げたように、あっせん申立てには時効中断効があります。そこで当初私も、あっせん申立てをすれば時効中断ができると思っていたのですが、申立ての前には、まず苦情処理手続を2カ月ぐらい行わなければならないのです。ですから、時効間近に、たとえば1週間後に時効が迫っているという場合には使えません。その点は注意していただきたいと思います。

　それから、今お話したFINMACでの苦情処理手続においては、ADR機関の相談員の方が実質的にかなりの調整業務を行っていただけるということで、場合によっては、当方の主張に対する反論の資料や書類なども出してもらえるということもあると思うので、これをうまく利用することが必要だと思います。

制度自体についてもよく理解しておかないと、失敗するケースもありますので十分気をつけてください。以上、注意点だけを申し上げました。

2　弁護士会の金融 ADR のメリット

渡部　田中先生、どうもありがとうございました。

　先ほどご紹介がありましたように、大谷先生は FINMAC、田中豊先生は銀行協会、大宮先生はそんぽ ADR センターにおいて、金融 ADR の紛争解決手続を担当されています。これらの機関はいずれも指定紛争解決機関ですが、これ以外の紛争解決機関としては弁護士会があります。指定紛争解決機関は、金融機関の業態ごとに定められていますが、中には指定紛争解決機関を持たないものもあります。つまりその隙間を、弁護士会の金融 ADR が埋めているわけです。

　そこで、指定紛争解決機関以外のところで金融 ADR を利用する場合にはどういうケースが考えられるのか、先ほど信用金庫・信用組合等で業界 ADR のないものが挙げられましたけれども、業法横断的な場面もあるとは思いますが、その点について、河井先生にご紹介をお願いいたします。

河井　弁護士会の金融 ADR では、信用金庫・信用組合・労働金庫・農業協同組合・漁業協同組合がメインの業者になっています。それらの金融機関は、基本的には、一般の預金者・消費者に密着しているような小規模な金融機関ではありますが、実際に扱っている商品は銀行とあまり変わらないようなもの、たとえば投資信託や金融商品であったりするので、銀行と同じような紛争が今後出てくるだろうと思っています。

　銀行には全国銀行協会、証券会社には FINMAC という組織がありますが、そういう指定紛争解決機関を持つ業界に関する案件を弁護士会の金融 ADR で扱えないかといえば、そうではなくて、それらも同様に受け付けています。たとえば、複数の銀行ないし証券会社と取引をして、株、投資信託、ローン、これらのすべてで様々なトラブルになったケースがあるとします。この場合、全銀協と FINMAC とでは取扱い業務が分かれている関係から、それらの紛争解決を並行して行うときには、全銀協と FINMAC の両方に手続を申し立てなけ

ればならなくなる可能性があります。しかし、弁護士会の金融ADRの場合はそうした業務範囲の制限が特に設けられておらず、何でも扱いますという形になっていますから、弁護士会であればワンストップで処理できるわけです。これは、弁護士会の金融ADRのメリットだと思います。

　それと弁護士会では、仲裁人・あっせん人の判断で、期日を機動的に入れることができます。たとえば、週1回とか2週に1回開催できるので、解決を非常に急いでいるような事件に適していると思います。私が聞いた話では、破産管財人がどうしてもこの期日までに終結させたいと考えていて、訴訟を起こすことは論外で、全銀協に持ち込んでも時間がかかりそうだというときに、弁護士会の金融ADRを利用し、期日をかなり弾力的に入れてもらったことによって、目標に間に合うように終結できたという例があるようです。

　以上、業法横断的な事案を扱える点と、期日の弾力性という点が、弁護士会の金融ADRのメリットであると思っています。

3　手続選択のポイント

森　今、弁護士会の金融ADRを利用することのメリットについて、お話がありました。先ほどは、裁判を利用するのか、ADRを利用するのかについてのお話がありましたが、今度は、金融機関ADRとして複数の選択肢がある場合にどの機関を使うのかについて、利用者の視点からどのような考慮がなされていると考えられるかという点は、田中博文先生いかがでしょうか。

田中(博)　実際に投資被害に遭った方に聞いてみると、デリバティブ商品は、実にいろいろあって、商品の扱いがとても込み入っているんですね。たとえば、発行体は証券会社だけれども、勧誘したのは銀行という場合があります。そうすると、FINMACにするのか、全銀協に対して申立てをするのか、どちらに申立てをすればいいのかということになります。先ほど河井先生がお話になったように、どちらも同時に弁護士会で受け付けてもらえるのであれば、私は弁護士会に申し立てるのが一番良いのではないかと思います。

　それから、第一東京弁護士会（一弁）であれば、顔見知りの先生があっせん

委員になったりします。そうすると、多分、自分の主張をよく理解してくれるだろうというような期待感を持つと思います。

　先ほどお話した損害額6億8000万円の事案は株取引ですからFINMACの取扱いになり、本来は応諾義務があるので受けてもらわなければならないのでしょうけれど、あまりにも金額が大きいことと、法律問題（使用者責任における事業の執行性）があるため、証券会社はおそらく応じないだろうとして、「応じないのを、わざわざ期日を設けても仕方がない。今、事案が多すぎて処理しきれない状態だから、申し立てるのはちょっとやめてもらえないか」といわれて拒否されたことがあります。弁護士会であれば、まず申立ては受けてもらえるのではないでしょうか。また、機動的に期日も入れてもらえるのであれば、弁護士会のほうが良いと、私は思っています。

Ⅲ　申立てを受理できないケース

森　ありがとうございました。かたや指定紛争解決機関については、かなり処理件数も累積していて、結論が見えるといいますか、アウトプットがそれなりに見通せて、手続的にも安定しているという側面があると思います。また、第1部の［3］（27頁）で田中豊先生から適格性審査のお話があったように、金融機関側に手続の応諾義務が課されている中で、案件の中身によっては、業務規程等に基づき指定紛争解決機関を利用できる場合とできない場合があります。そこで、各団体において、こういう類型の申立ては受理できないという具体例があれば、留意点として教えていただきたいと思います。まずは損保協会について、大宮先生いかがでしょうか。

大宮　そんぽADRセンターでは、業務規程33条に紛争解決手続を実施しないことができる場合を定めています（図表1参照）。一般的な事由としてはいろいろありますが、特徴的な例を挙げるとすれば、交渉能力の非対称性という観点から、顧客が大企業またはこれに準ずる企業で、保険会社との間で交渉能力に格

差がない場合については手続を実施しないことができる、と定められています。

それと、第1部の［4］（46頁）で紛争金額が小さい事件でも受理するという話をしましたが、逆に紛争金額が大きい場合で、和解による紛争解決を前提として詳細な事実認定をしなければならないような場合については、紛争解決手続を実施しないことができると定められています。これらは特徴的な例だと思います。

図表1　そんぽADRセンター業務規程33条

（紛争解決手続を実施しない場合）

第33条　手続実施委員は、紛争申立事案が次の各号のいずれかに該当すると認めるときは、紛争解決手続を実施しないことができる。

① 顧客が損害保険に関する知識を有する専門家であるもの
② 顧客が大企業（法人であって、中小企業基本法第2条第1項に定める中小企業者に該当しない者）またはこれに準ずる企業であって、会社との間に交渉能力等の格差がないもの
③ 紛争の金額が大きく、かつ、和解による紛争の解決の前提として詳細な事実認定または判断が問題とされる可能性が高いと考えられるもの
④ 損害保険業務等に関するものでないもの
⑤ 経営判断の妥当性のみを争うもの、具体的な被害がないものその他紛争としての内実がないもの
⑥ 他の相談機関等において紛争解決手続に相当する手続が開始されているものまたは当該手続が終了したもの
⑦ 訴訟において裁判が確定したまたは民事調停において調停が成立した請求にかかるもの
⑧ 顧客に苦情処理手続または紛争解決手続において解決を図る意思がなく、会社の説明または帳簿書類その他の物件の提出義務を利用して関係資料を入手する目的で申立てを行っているもの
⑨ 同一の顧客が同一の紛争について、正当な理由なく複数回にわたって申立てを行っているもの
⑩ 紛争解決手続申立書の記載内容から判断して明らかな失当があるもの
⑪ その他、前各号に準ずるもの

森 ありがとうございました。全銀協については、再度、田中豊先生から適格性審査についてご教示いただきたいと思いますが、いかがでしょうか。

田中（豊） 不適格になる事件としては、第1部の［3］（29頁）でご説明したように、業務規程26条1項6号の、「加入銀行の経営方針や融資態度、あるいは銀行員等個人に係わる事項等、事柄の性質上、紛争解決手続の利用が適当でないと認められる場合」が最も多いです。それ以外には、たとえば2号の、「消滅時効期間が満了していることが明らかである場合」という規程を適用した例があります（図表2参照）。皆様ご承知のとおり、消滅時効の援用の問題がそもそもありますが、当該事例については、消滅時効期間の満了自体に着目したというよりは、日時の経過によって当時の状況を客観的に把握することが困難だろうと推測されたことから、2号を適用して不適格にしました。具体的には、20年前に契約したとされるカードローン契約に関する事案で、顧客側が「そんな契約をした覚えがない」と主張したものなどです。

　大宮先生もおっしゃいましたけれど、実際、事実認定の能力には限界がありますから、それとの兼ね合いで、いったんは申立てを適格性ありとして受理して中身の審議に入ったほうがいいのか、それとも、最初から不適格として裁判所に行っていただいたほうがいいのかという点は、やや悩ましいところです。先ほど紹介した（30頁）、ATMから出てきた現金が引出し金額より少ないという申立て事案は、比較的不適格の判断がしやすかった例ですが、必ずしもそういうものばかりでないのが実情です。

図表2　全銀協業務規程26条

（紛争解決手続を行わない場合）
第26条　あっせん委員会は、前条第1項の適格性の審査において、あっせんの申立ての内容が次の各号のいずれかに該当すると判断した場合には、以後、紛争解決手続を行わない。
(1) 取引の名義が当該顧客本人でない場合（ただし、相続等明らかに合理的な理由がある場合を除く。）

> (2) 消滅時効期間が満了していることが明らかである場合
> (3) 訴訟が終了または民事調停が終了したものである場合
> (4) 過去にあっせん委員会によるあっせんを受け、その手続が終了したものである場合
> (5) 他の指定紛争解決機関や紛争の解決を実施する外部機関によるあっせん、仲裁等の手続が終了または手続中のものである場合
> (6) 加入銀行の経営方針や融資態度、あるいは銀行員等個人に係わる事項等、事柄の性質上、紛争解決手続の利用が適当でないと認められる場合
> (7) 申立てが申立書の記載内容全体からして失当であることが明らかである場合
> (8) 不当な目的で、またはみだりにあっせんの申立てをしたと認められる場合
> 2 あっせん委員会は、前項の規定により紛争解決手続を行わないとして申立てを不受理にしたときは、当事者双方に対してその理由を付して書面により通知する。

森 ありがとうございました。続いて大谷先生、証券・金融商品あっせん相談センター（FINMAC）における扱いはいかがでしょうか。

大谷 FINMACでは、業務規程31条1項1号～5号に、あっせん手続を行わない場合を規定しています（図表3参照）。その2号では、「紛争が生じた日から3年を経過した紛争に係るもの」は受け付けないとしています。先ほどの田中豊先生のお話のように、これも時効との関係はあまり考えていません。やはり、あまりに年月を経た事件というのは再現が難しいので、あっせん委員としても、なかなか適切な和解案を提示する根拠を見出すことができません。ですから、一応は3年を目安に、それより古い事案はお断りすることにしています。

それから、もう1つは5号に規定されている、当事者の紛争解決能力が極めて高いという場合です。この場合は、むしろ直接相対の交渉で解決をしていただきたい、あるいは、大弁護団が後ろに控えているようなケースであれば訴訟の場で本格的に議論してくださいということです。FINMACでは、「何でも申

し立てていただけば受け付けて処理させてもらいます」というようなスタンスはとっていません。

図表3　FINMAC 業務規程31条

（あっせん手続を行わない場合）
第31条　紛争解決委員は、あっせんの申立てが次の各号のいずれかに該当し、あっせん手続を行わないことが適当であると判断する場合は、あっせん手続を行わない。
(1) この業務規程によるあっせんの打切り若しくは和解となった紛争、又はあっせんの申立てを取り下げた紛争に係るもの
(2) 紛争が生じた日から3年を経過した紛争に係るもの
(3) 訴訟が終了し若しくは訴訟中又は民事調停が終了し若しくは民事調停中の紛争に係るもの（当事者間にこの業務規程によるあっせんによってその紛争の解決を図る旨の合意があり、受訴裁判所の決定により訴訟手続が中止されているものを除く。）
(4) 他の機関による仲裁、あっせん等の紛争解決手続を終結し、又は手続中のもの
(5) 前各号に掲げるもののほか、顧客が当該紛争を適切に解決するに足りる能力を有する者であると認められることその他の事由により紛争解決手続を行うのに適当でない又は不当な目的でみだりにあっせんの申立てをしたと紛争解決委員が判断したもの
② センターは、紛争解決委員が前項の規定によりあっせん手続を行わないものとしたときは、当事者双方に対し、遅滞なく、書面をもってその旨を通知する。この場合、次条第3項の規定の適用については、あっせん期日前にあっせん申立ての取下げがあったものとして取り扱う。

森　ありがとうございました。それでは河井先生、弁護士会における扱いはいかがでしょうか。

河井　弁護士会では、先ほども申し上げたように、特段、業務範囲の制限もな

いですし、金額の多寡で手続をする、しないを決めるということはありません。どんな事件でも対応することになっています。ただ、詳細な事実認定を要するような事件の場合は、弁護士会 ADR でも厳格な証拠調べをするわけではないという点では確かに各指定紛争解決機関と同様です。しかし事実認定の限界はありながら、それを踏まえた上で弾力的な解決策を模索しています。

Ⅳ 申立て受理後の手続の流れ

1 苦情処理手続で利用された資料・情報の扱い

森　ありがとうございました。申立てについて、受理できるものと受理できないものの例について伺ってきましたが、指定紛争解決機関における申立ての場合は、まず苦情申立てから始めて、紛争解決手続に移行するということでした。

　平成 22 年 10 月～平成 23 年 9 月までの統計資料によると、全銀協における紛争解決手続件数は 675 件、苦情処理手続件数は 1,946 件、損保協会ではそれぞれ 293 件と 2,380 件、FINMAC では 112 件と 556 件となっており、かなり苦情処理手続のほうが多くなっています（平成 23 年度の統計は資料 6、120 頁参照）。

　すなわち、苦情処理手続において解決しなかった一部のものが紛争解決手続に移行するということになると思います。そこで、苦情処理手続で利用される資料や情報の扱いについてですが、これらは紛争解決手続にも引き継がれて利用されることになるのか、あるいは、紛争解決手続では全く別のものが使われ審理が進むことになるのか、その点はいかがでしょうか。まず全銀協での扱いについて、田中豊先生にお伺いしたいと思います。

田中（豊）　その前に、苦情処理手続で、どの程度の件数が解決されているかということについて申し上げます。全銀協の事務局から具体的なデータを出してもらったのですが、それによると、最近 1 年では、苦情処理で受け付けた件数

のうち36.3％が解決となり、38.0％が解決に至らずあっせん手続に移行しています。ですから、苦情処理手続で解決される事件は、相当数にのぼります。

　解決されなかった事案は、われわれあっせん委員のところに来るわけですが、全銀協のあっせん手続の場合は、苦情処理手続で収集した資料をそのまま引き継ぐことはありません。簡単な類型化した報告書があって、それを引き継いでいます。具体的な内容としては、当事者の特定と苦情の概要、どういう商品についての紛争か、購入金額と現在の評価額はいくらか、主要な不服の内容はどういうものか、それから、全銀協の相談室でどのような対応をして、どうして解決に至らなかったのかといったことが簡単に整理されています。

　顧客である利用者側は、苦情処理手続の中で、同手続によって解決できなかった場合に行われるあっせん手続の概要について説明を受けているので、かなりの準備をしてあっせん手続に臨んでいます。また、あっせん委員は、簡単な引継ぎ資料ではありますが、これによって、主に事情聴取を円滑に行うためにこの申立人の場合にはどういう点に留意しておくとよいかということを心得ることができるので、それらの資料は事前準備にも一定の貢献をしていると思います。なお、苦情処理手続がどのような経過をたどったかということが、あっせん手続やあっせん案の内容等、手続面や実体形成面に大きな影響を与えることはないと思います。

森　ありがとうございました。続いて大宮先生、損保協会における扱いについてご紹介ください。

大宮　そんぽADRセンターでは、全銀協とは異なった扱いをしています。基本的に、紛争解決委員は、紛争解決手続の申立ての際に申立人から出される申立書に基づいて手続を行う、というスタンスに立っており、苦情処理手続における書類を引き継ぐことは原則としてありません。苦情処理手続は、多くの場合には電話で申し出を受け、担当者が対応するという形をとっていますが、苦情処理手続から紛争解決手続へ移行する際の引継ぎ処理のようなものは、現時点においてはとくに準備されていません。

ただし、事実上、紛争解決手続に移行した段階で、過去のやりとりについて記した簡単な記録を見て話を聞くというようなことは行われています。しかし、すべてのケースにおいて、そういうことが行われているわけではありません。

森　ありがとうございました。では FINMAC についてはいかがでしょうか。大谷先生、お願いいたします。

大谷　FINMAC の場合、苦情処理案件の 60％〜70％が、同手続の段階で解決し、30％があっせんに移行、それ以外は取下げ等の事由で終わります。ただ、苦情処理手続で解決するといっても、金銭の授受がなされるわけではないので、顧客の中には、よく説明を聞いた上で「わかりました」と納得して帰られる方もおられますし、「もうこれ以上は水かけ論だし、あっせんも面倒くさいから、これで終わりにします」といって帰られる方もあります。ですから、苦情処理で解決するといっても、すべてが円満に終結したという意味では必ずしもないのです。
　それから、あっせん手続に移行した場合に、苦情処理手続で収集されたいろいろな資料がまるごと一件記録として、あっせん委員の手元に渡るわけではありません。苦情処理手続の中であっせん手続を行う上で有用だと思われる資料等で、当事者間で交換されており秘密性のないものについては、あっせん委員に交付されています。

2　あっせん委員の選任方法

森　ありがとうございました。さて、そうした苦情手続の中で未解決のものが紛争解決手続に移行するとなると、そこであっせん委員の選任がなされるわけですが、各指定紛争解決機関において、個々の案件に対するあっせん委員の選任というのは、具体的にどのように行われるのでしょうか。先ほどの講演の中でも一部紹介がありましたけれども、たとえば、当事者の希望もある程度は聞いてもらえるのかどうかという点を含めて伺いたいと思います。まず、FIN-

MACでは弁護士が単独であっせん委員として選任されるということですが、具体的にどういった形で配点されるのかについて、大谷先生、お願いします。

大谷 先ほどの説明の中で、FINMACの事務局は、東京本部と大阪事務所とがあると申し上げましたが、事件処理の関係では全国を9地区に分けています。9地区というのは高等裁判所単位の8地区と北陸1地区を足した計9地区で、地区ごとにあっせん委員の名簿が用意されており、あっせん手続の申立て時を基準として、その地域の名簿ごとに順次、事件を配点しています。手続自体は、全国50カ所で行っているので、申立者には最も近い所に来ていただいています。

森 ありがとうございました。全銀協については、先ほど小委員会の数の紹介がありましたが（32頁）、具体的に小委員会の構成はどうなっていて、それは固定されているのか、また、配点はどうなっているのかということについて、田中豊先生、ご紹介いただけますか。

田中（豊） 全銀協のあっせん委員会は、発足当初から合議制をとっています。当初は5名という非常に重厚な構成で行っていたのですが、予想をはるかに超えて事件数が激増したために、ここ何年かは3名による合議という体制が定着しています。小委員会方式といっていますが、小委員長を弁護士が務め、消費者問題専門家が1名と全銀協の役職員等が1名で合計3名という構成になっています。弁護士が小委員長を務めるというのは、手続の適正さを確保するという観点を重視しているからです。また全銀協の場合は、あっせん案を必ず文書で、すなわちサマリーを口頭で説明した上で書面化したものを両当事者に交付し、それを受諾してもらうという手続をとっているので、あっせん案と和解契約書を作らなければならないということもあり、そういった作業に習熟している弁護士が小委員長を務めているのです。

なぜ消費者問題専門家が構成員になっているかというと、消費者側からの視点があっせん案の中に含まれていることが、申立人が納得し、相手方銀行をも

納得させる契機になるだろうということで、消費者問題専門家をお願いしております。全銀協の役職員等は、紛争対象になっている金融商品の中には、われわれ弁護士が理解するのに困難を覚えるほど複雑な内容を持つものがかなりあるために、そうした知識の補充をしていただいています。

　近年の事件激増を受けて、現在は全国に16の小委員会と1つのデリバティブ専門小委員会が設けられていますが、事件数が多いので、ぎりぎりのところで事件を処理しているというのが実情です。

　また、ほかのADR機関でも採用しているところがあるかもしれませんけれども、この3名の小委員会の補佐役として、われわれはこれを「局付」と呼んでおりますが、3年以上の経験を持つ事務局付きの弁護士を各小委員会に1名配置し、事件の概要やそれに含まれる法律問題等の調査補助を行っています。

森　ありがとうございました。「事務局付」の弁護士の方が準備した資料・情報をたたき台にして、小委員会で案件が議論されるということでしょうか。先ほどの話ですと、小委員会は、東京地区の場合には6つあると思うのですが、持ち込まれた事件は順点で、順繰りに各小委員会に配点されるという理解でよろしいですか。

田中（豊）　そのとおりです。事件は機械的に順点していますが、先ほど弁護士会のお話にもあったように、特別に急いでほしいという事情がある場合には順点ではなくて、最も早く着手することのできる小委員会に回すということをする場合もあります。そういう意味では、個々の事件についてそれほど硬直化した扱いはしていないのですが、原則としては順点で扱っています。

森　わかりました。ありがとうございました。では大宮先生、損保協会はいかがでしょうか。先ほど、一般事件と交通事件とで違いがあるというお話もありましたが、その辺りについても区別してお話いただけますか。

大宮　先ほどお話しましたように、そんぽADRセンターでは一般紛争と交通

賠責とで体制が少し違います。一般紛争については、弁護士と消費生活相談員と学識経験者が各1名、合計3名で合議体を構成しています。その3名で構成される合議の審査会は、東京と大阪に各2カ所あります。交通賠責は、27名の弁護士がそれぞれ独任制・単独制で事件を担当しており、東京で事務処理を行っています。

　一般紛争は、原則として月2回、審査会が開催されます。事件の申立てがあると、期間を考慮して、その申立てがあった時点で最も近い審査会に事件を配点していきます。交通賠責も同様で、事件の申立てがあると、担当日で空いている委員のところに配点していき、もし担当日に申立てがなければ、その担当日はキャンセルになります。こうした運用がなされているので、一定期間には必ずどの委員会にも事件が配点されるという点に特徴があります。なお、紛争解決委員を申立人が選ぶというようなことは、そんぽADRセンターでは予定されていません。

森　ありがとうございました。では河井先生、弁護士会ADRではいかがでしょうか。先ほど「顔の見える仲裁」というお話もありましたが、その点も含めてご紹介ください。

河井　金融ADRに限らず、もともと弁護士会は、たとえば私の所属する一弁の仲裁センターでは、申立人による仲裁人の指名を一般的に行っています。もちろん、相手方がそれに異議を唱えればできませんが、相手方の異議がなければ申立人がある程度仲裁人を選ぶことが多いです。

　われわれ弁護士の中には、これまで金融絡みの紛争で消費者側の代理人を務めた経験の多い者も、逆に、金融機関側の代理人ばかり務めた者もいます。同じ紛争でも、立場が違うと見え方が若干違うということも当然ありうるので、どちらか一方の代理人の経験しかない仲裁人・あっせん人だと、当事者が、自分の気持ちが伝わらないのではないかと恐れるのももっともであると思います。そこで現在、東京三会では、弁護士会の仲裁センターや紛争解決センターに対する信頼確保の目的で、消費者側代理人の経験の多い者と金融機関側代理

人の経験の多い者2名を組ませて、金融ADRのあっせん手続を進めるというシステムを採用しています。

　東京弁護士会は、さらにもう1名追加して、3名のあっせん人での合議制を採用しています。一弁・二弁は2名体制ですが、一弁は若干変わっています。全銀協の「局付」と同じような発想で、仲裁人は2名ですけれども、もう1名、若手の弁護士に輔佐人として付いてもらい、事実上3名の弁護士が関与するような形で事件を審理しています。2名だけでやる場合もありますが、3名で行うことも多いということです。

　もちろん、弁護士が代理人で付く申立人の場合には、代理人が「この弁護士は知っている。この人は信用できるから、この人にしてもらいたい」と指名されることが多いのですが、本人による申立ての事案ですと、特段希望がないことも当然あります。そういう場合には、委員会が選任することになっています。委員会が選任するときは、事案の種類や軽重といいましょうか、複雑な事案であるとか、金額は少ないけれども当事者の感情のもつれが激しいような場合とか、一口に同じ金融紛争といってもいろいろな事案があるので、その事案をある程度見た上で、委員会、その中でも正・副委員長と事務方とで、「この案件は、この先生にやっていただくのがいいんじゃないか」という話合いを行い、仲裁人を選任しています。

3　利用者の立場からみた指定紛争解決機関の中立性

森　ありがとうございました。今度は、利用者の立場から考えてみたいと思います。先ほど、田中博文先生からは、利用者の立場から、「顔の見える仲裁」という部分も含めて、弁護士会ADRも紛争解決の選択肢に挙げるというお話がありましたけれども、特に指定紛争解決機関の場合、使ったことのない方からみると、一般に、業界団体による運営であることに対する懸念や、また、あっせん委員の中立性や信頼性について懸念が示される向きもないわけではないと思います。実際に利用される立場、特に消費者委員会等の立場から見て、指定紛争解決機関のADRにおけるあっせん委員の中立性という点について、田中博文先生はどのようにお考えでしょうか。

田中(博)　まだ件数が少ないので、どういうものが業界のやり方なのか、的確な判断はできないのですが、少し紹介しますと、たとえば日本先物取引協会が運営しているあっせん申立てのあっせん委員は、弁護士も務めています。条件としては、先物取引の案件を担当した経験がない人、消費者事件を扱ったことがない人を、特に選んでいるようですが、そして、その委員が、先物取引のことでよくわからないことがあれば事務局がアドバイスしています。要するに、消費者側・業界側の主張を、何の先入観や偏見もなく、素直に聞いて判断してもらえるという体制をとっているようです。

　私自身の経験では、もちろん私がよく知っているような弁護士の方もあっせん委員の中にはいたのですけれども、私たちの主張をよく聞き、また、どういう和解案がよいかについても事前にいってくれて、「こういう和解案がいいですか。では、業者側にこういう和解案を提示します」と、率直にいって進めていただきました。それが3年ぐらい前でしたが、少なくとも10年以上前から3年ぐらい前までの間では、あっせん委員が業界寄りということは全くなかったように思いました。今後も、真摯に、偏頗なくお互いの主張を聞いて、妥当な判断をしていただけるとよいと思います。

　皆さんもご存知のように、たとえば地方裁判所において仕組債の案件で、過失相殺を2割〜3割と低くとったとしても、高等裁判所へ行くと、「過失相殺は4割が前提だ」、「先物取引だって4割が最低だ」といわれてしまうわけです。極端な例では、「証券だと、少なくとも5割、6割の過失相殺が前提だ」というようなことをいわれたことがあります。これはあまりにもひどいと考えて、1審で意見書を出し、2審でももう1通意見書を出して、「リスクとリターンが極めて非対称になっていて、こんなものはプロの投資家は買わない」といった意味のことをかなり主張したのですが、なかなか聞いてくれませんでした。その裁判官は途中で退官されてしまいましたが、次の裁判官は私の主張をかなり素直に聞いてくれて、結局、かなりよい形で和解が成立しました。この事件では、過失相殺は、1審で3割だったのですが、結局4割ぐらいで和解できたのです。やはり、裁判官にいったん偏見を持たれてしまうと、説得してもなかなか主張は通らないので、素直にお互いの主張を聞いて判断していただき

たいと思います。そういうふうにしていただければ、業界寄りではなくて、われわれの納得がいくような解決が図れるのではないかと思います。最近はかなり件数が多くなっているので、そういう期待を抱いています。

また、中小企業については、昨年（平成23年）はデリバティブ被害による倒産のケースが非常に多かったのです。しかし、今年はそうしたケースが少ないのは、おそらく、何とか解決したいということで、多くの案件が全銀協やFINMACのほうに持ち込まれているのではないでしょうか。いい解決ができれば倒産の件数も減ると思いますが、解決がうまく図れなければ、来年また倒産の件数が増えることになってしまうと思うので、私としてはこれがいい解決手段になってくれればと考えています。

4　審理の具体的な進行方法と期日の回数・所要期間

森　ありがとうございました。次に、あっせん委員の選任後、申立ての審理の具体的な流れについて伺いたいと思います。やはり何といってもADRの1つのメリットとして、解決の迅速性が挙げられるでしょう。そこで、具体的に、何日ぐらいで最初の期日が入り、計何回の期日があって、何日ぐらいで解決を見るのか、それまでにどういう手続がなされるのかという点について、改めて述べていただいて、各機関の審理について対比したいと思います。まず、FINMACでの扱いについて、標準的なケースはどういった進行になっているのか、大谷先生、お願いします。

大谷　FINMACの場合、あっせんの申立てから長くても2カ月ぐらい後までには第1回の期日が入ります。1カ月ぐらいで入るものも少なくないですし、それほどお待たせすることはありません。和解が成立するかどうかという見通しは、ほとんどの事件で、第2回の期日までには立ってしまうということです。先ほど申し上げましたように、平均審理期日は1.7回ですから、極めて早期の段階で心証形成ができるわけです。これは、おそらく、苦情処理手続の中で相当充実した情報収集がなされているのだろうと思います。最初の段階では、事業者側から簡単な答弁書しか出ていないという事案も、時にはありま

す。そういう場合には、第1回期日の前でも、事務局の職員を通じて詳細な資料を提出するように求めています。

　あっせん手続は、もちろん和解成立を目指すものですが、一方では、少し僭越かもしれませんけれども、教育的な機能を果たすものであると考えています。すなわち、あっせん手続を通じて、事業者側には法令遵守あるいは手続の適正について改めて認識してもらい、他方、投資家側には、投資家としての自己責任原則をきちんと認識してもらう、そのための場でもあるということです。とくに事業者側には、具体的に、その紛争のこの時期において、どういう手続をとったのかについて、丁寧な説明をしてもらうことを求めています。そういう心構えで、私たちはあっせん手続を行っています。

森　ありがとうございました。先ほど田中博文先生からもお話がありましたけれども、平均審理期日は1.7回で、申立てから大体半年以内ぐらいで解決すると考えておけばよろしいでしょうか。

大谷　いえ、平均審理期日は1.7回ですが、最終解決までは3カ月ほどです。

森　ありがとうございました。全銀協について、田中豊先生、改めていかがでしょうか。

田中(豊)　先ほど申し上げたとおり、普通の事件では、申立てから適格性審査まで50日程度、申立てから事情聴取まで100日程度です。デリバティブの事件は、もう少し早くなります。全銀協では事情聴取は1回で、その事情聴取の最後の手続としてあっせん原案の提示に至ることを原則にしているので、事情聴取期日中に和解の成否がおおよそわかることになります。ですから、普通の事件の場合、申立てから最終解決まで3カ月強かかります。デリバティブ関係の事件の場合は、現状では、毎日開廷しているという異常な状態にあるので、その結果として、申立てから50日程度で事情聴取の期日が入っています。

　全銀協の手続でやや特徴的なのは、適格性審査によって適格性ありと判断さ

れたケースについては、申立て受理の通知に質問状を同封し、その質問事項に答えていただき、主張書面や証拠資料等を提出していただいた上で、事情聴取に臨むことになっています。ここまでで大体100日かかるということです。

　1回2〜3時間ぐらいの事情聴取――もう少し時間をかけることもありますが――であっせん原案の提示に至ることを目標にしているので、各あっせん委員は、事前にかなりの労力と時間をかけて、当該事件の争点と不満のありどころというか、ポイントをつかんでいなければなりません。

　また、先ほど中立性等についてのお話がありました。大谷先生からもお話がありましたが、単に両当事者に言いたいことを言わせるというのではなく、顧客に対しては買い方の問題点を理解させ、相手方銀行に対しては売り方の問題点を理解させるというようなことを必ず事情聴取の中で行っています。そこで、申立人にとってみると聞かれたくないことをあっせん委員から聞かれた、相手方銀行にとってみると申立人の言い分を真に受けて変なことを聞いている、というような印象を持たれるかもしれません。現に、最近、申立人である顧客側の不満、相手方銀行の不満をそれぞれ代弁するような記事に接することがあります。それは、中立性のある運営をしている証であると理解していただくとよいのではないかと思っています。

森　双方の弱点も指摘しつつ、1回の事情聴取であっせん案の提示まで目指すというお話でしたが、あっせん案の提示からは程なく解決されるという理解でよろしいでしょうか。

田中(豊)　はい。あっせん案の提示は、事情聴取の最後の部分で行いますが、銀行の場合は大きな組織なので、その場であっせん案を受諾するケースは稀で、ほとんどは持ち帰って銀行内の稟議を通して決裁を得てから受諾することになります。銀行の回答が出るまでに平均14日、2週間ぐらいかかるので、あっせん委員会から書面化されたあっせん案を双方に送付するのは、事情聴取から大体1カ月後ぐらいにはなります。

森 そうしますと、普通の事件では大体 3 カ月ぐらいで事情聴取、4 カ月ぐらいで解決に至り、デリバティブ関連だとそれよりさらに早いと、そういう理解でよろしいでしょうか。

田中（豊） そうですね。

森 ありがとうございました。では次に、損保協会の扱いについては、大宮先生いかがでしょうか。

大宮 損保協会については、一般紛争と交通賠責とで若干異なりますが、一般紛争については、申立書が出されてからおおむね 2 週間程度で 1 回目の審理が行われます。事案によっては、申立てから第 1 回の審査期日まで間がないので、当日申立書が交付されて、その内容を検討して議論するというような事件もあります。第 1 回目の審査では、2 週間ということであまり日もないので、申立書ベースで議論がなされ、基本的には受諾をするか否かという判断、手続を進めるか否かという判断、あるいは、どういう方針で審理を進めるのか、追加でどういう資料を要求するか、というようなことが議論されます。

　田中豊先生からもお話があった質問状を出すということも、この一般紛争では行っています。疑問のある点について、各当事者に質問状を出して回答してもらうという形で事実調査を行っています。

　その後、必要に応じて意見聴取を行って、和解案を提示することになりますが、意見聴取については原則 1 回です。審査の開催はおおむね 2～3 回程度です。最終解決までの期間は約 4 カ月、ケースによっては 4 カ月を超える場合もあります。

　一方、交通賠責についても、申立てがなされてからおおむね 2～4 週間で第 1 回目の期日が開かれます。これもあまり日数がないので、原則的には、申立書ベースとなります。第 1 回目の期日には申立人だけが呼ばれて、まず、申立人の意見聴取を行います。基本的には 1 時間程度ですが、私が担当したケースでは、2 時間に及ぶものもありました。

その後、これはローテーションの入り方次第ですが、また2～4週間経った後に、今度は、相手方となる保険会社の意見聴取の期日が設けられます。そして、さらにその2～4週間後に、紛争解決委員から和解案を提示するということで、基本的には期日を3回開くことになっています。ケースによっては4回開く例もありますが、いずれにしろ意見聴取は原則1回で、申立てがなされてから平均90日ぐらいで解決に至っているのが現状です。

森　そうしますと、損保協会では、一般紛争で4カ月ぐらい、交通賠責で3カ月ぐらいかかるとのことですが、河井先生、弁護士会における運用ではいかがでしょうか。

河井　一弁の場合、通常事件でも金融ADRでも同じですが、基本的には3～4回での解決を目安にしています。ただ事案によっては、5回、6回となる場合も当然ながらあります。大体申立てから3～4週間で第1回目の期日が入ることが多いです。それ以後は、月1回のペースで期日を入れる仲裁人が多いのではないかと思います。もちろん、「できるだけ早めに期日を入れて、解決してほしい」という特段の希望がある当事者の場合には、仲裁人もなるべくそれに合わせて早めに期日を入れています。結果として、4～5カ月程度で案件としては終了するものが多いと思います。

渡部　私は1回で終了したこともありますが、最近、河井先生が担当された信用金庫案件でかなり苦労されて和解を成立させたものがありましたね。あれは何回の期日で、終了まで何カ月かかったのですか。

河井　私が担当したもので、たしかに少し時間を要した案件がありました。第1部の[1]の説明で申し上げたコミュニケーションのもつれというのに近いような案件だったので、紛争性が若干薄いといえば薄かったのですが、期日は5～6回入れたのではないかと思います。終了までには半年以上、おそらく8カ月ぐらいかかったのではないでしょうか。

渡部 丁寧に取り組まれたのですね。

森 終結までの期間が半年でも、ずいぶん長くかかっているといわれてしまうのですね。裁判と比較すると、かなり早い解決であるということがわかります。

5 遠隔地利用者のアクセス方法と各機関の対応状況

森 次に、遠隔地利用者のアクセスと、これについての各機関の対応状況という問題に移りたいと思います（資料7、122頁参照）。具体的に、遠隔地の事案の場合には、どのような拠点で、どのような形で事情聴取等が行われているのか、それぞれご紹介いただきたいと思います。まず、FINMACについて、大谷先生いかがでしょうか。

大谷 FINMACには、先ほど少しご説明したように、東京本部と大阪事務所で管轄割があります。全国を9地域に分け、各地域ごとに、その地に属する申立人に対応するあっせん委員が指名されます。あっせん手続は、全国50ヵ所で、時には出張をして、最大2時間程度まで時間をかけて事情聴取等が行われています。もちろん、例外的にもっと長くかかる事案もあろうかと思います。

あっせん手続の開催場所は、通常、東京ですと茅場町（東京都中央区）の第三証券会館、大阪ですと北浜（大阪市中央区）です。ほかに、各地区の証券業協会の建物を利用しますが、それがなければ、一般のホテルの会議室等を借りて行っています。申立人である顧客は、損失を被って落ち込み、あるいは憤慨しているという方々ですので、できるだけ明るい部屋を用意する等の気配りはしています。電話会議やテレビ会議といった最先端のシステムではなく、すべて直接の面談によって行います。ただ、そういう通信設備の利用については、今後の課題と考えてはいます。

森 全銀協ではいかがでしょうか。田中豊先生、お願いします。

田中（豊）　まず、東京・大阪・名古屋・札幌・仙台・福岡・広島・高松・金沢については、現地であっせん手続を実施しているので、フェイス・ツー・フェイスの事情聴取が行われます。しかし、これらの都市に出て来るのがなかなか難しいという申立人も、中にはいらっしゃいますので、そうした方々については、各都道府県の銀行協会に出向いていただき、各協会と今申し上げた拠点とを、電話会議またはテレビ会議システムでつないで事情聴取をしています。現に、私も電話会議・テレビ会議のいずれも経験していますが、直接対面で行う事情聴取と比べて、和解成立率が落ちるようなことはないので、実効性はあると実感しています。

　1件の事情聴取時間は通常2時間と先ほど申し上げましたが、中には3～4時間に及ぶような事件もあり、さらに例外的には2回目の事情聴取期日を入れることもあります。当事者ができるだけ納得した上で、最終的な解決に至るのであれば、ある程度の手間暇をかけることは必要ですし、その点では、迅速性を多少犠牲にする場合もあるということです。

森　続いて大宮先生、損保協会における遠隔者の扱いはいかがでしょうか。

大宮　損保協会には、一般紛争については、すでにご説明したように東京と大阪に審議体があり、どちらもフェース・ツー・フェースで意見聴取を行います。また、今年（平成24年）の4月以降は、全国11カ所で、テレビ会議システムを利用した意見聴取ができることになっています（平成24年11月末時点において、全国11カ所でテレビ会議システムを利用した意見聴取を実施中）。

　他方、交通賠責は、現時点では審理も、意見聴取も、東京のみで行っています。24年4月以降も、写真や再現図等を見ながら、直接対面で意見聴取を行います。それは、事故原因を確定していく必要性によるものですが、今後、一般紛争の実施状況等も踏まえて、交通賠責においてもテレビ会議システムの導入を検討していくことになると思います。

森　そうしますと、交通賠責については、現状では、申立人は遠隔地の方の場

合も、東京までおいでいただくことになっているのですね。

大宮　そうです。交通費も、申立人ご自身で負担していただいています。その点では、利便性の点で若干弱いところがあると思います。

森　わかりました。では、弁護士会のADRではいかがでしょうか、河井先生、お願いします。

河井　弁護士会では、先ほどご説明した、現地調停と移管調停のシステムで対応しています（第1部の［１］図表3、10頁参照）。本年（平成24年）2月末日現在、直近では、岡山弁護士会と移管調停の協定を結ぶことができました。その後、高知弁護士会が現地調停の協定を2月中に結び、現在のところ、移管調停できる地方会が14、現地調停できる地方会が20となっています。大体の地方会は移管調停と現地調停のどちらか一方を選択していますが、山形・兵庫・愛媛・福岡・広島の弁護士会は両方の協定を結んでいただいています。これら各地方会との締結が実現すれば、移管調停ないし現地調停によって、遠隔地に住む預金者・消費者の方の利便性に配慮した手続の進行ができるようになると思います（なお、平成24年12月15日現在では現地調停の協定締結先は32会、移管調停の協定締結先は17会となっています）。

Ⅴ　あっせん案・和解案等

1　あっせん案・和解案の内容の決定過程と提示方法

森　ありがとうございました。では次に、冒頭に渡部委員長から紹介があった3つ目のテーマ、和解案の提示や特別調停案の活用に関わる問題について伺いたいと思います。

　先ほど、1回ないし数回程度の事情聴取・意見聴取の中であっせん案を提示され、3〜4カ月程度で解決に至るというお話がありましたが、このあっせん

案・和解案は、具体的にどのような調整を経て提示されているのでしょうか。最近よく聞く言葉として、「メディエーション型」というものもありますけれども、当事者の互譲の中で意見調整を図っていき、事実認定や法的な評価はあまり伴わないのか、あるいは、限られた中でも資料提示を受け、意見聴取した結果に基づいて、ある程度法的な観点からの心証も踏まえながら誘導していくのか。また、具体的な審理過程において、どういう形で和解案を提示されていらっしゃるのかについてご説明をいただきたいと思っています。この点について、大谷先生、FINMACでの扱いはいかがでしょうか。

大谷 最も難しい質問をいただいたようです。昨今、事業者の側は、根拠のない和解には応じないというスタンスが、かなりはっきりしてきています。ですから、メディエーションの中身をどのように理解するかという問題はありますが、従来型のメディエーション的なもの、そうした調整型の和解案の提示というのは、だんだん難しくなってきていると思います。

　私自身は、裁判官の出身ということもあり、「もし、この事件で判決をするとしたら、どんな結果になるだろうか」ということが、いつも発想の基本にあります。それを念頭に置いて、落としどころを探りつつ調整を行いますが、もちろん、裁判のように厳密な証拠調べを経ているわけではないので、断定的に自分の判断が正しいというような前提はとっていません。結論はもちろん当事者が選択すべきものですから、その点はきっちり強調して、「双方が判断する参考として申し上げるものですよ」と常に述べているところです。

　もっとも、当事者がかなり感情的になっていて不合理な行動に出るおそれがある場合、たとえば、およそ勝てる見込みのない訴訟にまで持ち込みそうな場合には、非常にデリケートなところですけれども、「事実の経過から見て、それはあまり賢明な行動ではないのではないか」といった説明をすることもあります。あるいは、私が少しでしゃばっているのかもしれません。当事者についている代理人は、訴訟にまで持ち込んで弁護士としての業務を行うことができなくなるわけですから、面白くないかもしれませんけれども、しかし、私自身は日頃からあれこれと悩みつつ、案件の解決にあたっているということです。

森 なかなか悩ましいところをお伺いすることができました。どうもありがとうございます。続いて全銀協について、田中豊先生、お願いします。

田中(豊) 全銀協のあっせんも、おそらくは、今、大谷先生が説明されたのと同じようなことだと思うのですが、いわゆる裁断的なあっせんと理解していただいてよいでしょう。当事者に対して「どうだ、どうだ」と問うだけで、あっせん委員自身が何を考えているのか、どこまで、どういう心証がとれるのかについては言わないというようなやり方はしない、そういう意味で、裁断的なあっせんです。事情聴取の結果、この事件は互譲による解決に適さないと考えられる場合においては、その理由の要点を説明した上で、あっせん手続を打ち切ることもあります。

多くの事件では、申立人と相手方銀行との間の責任分担割合が問題になります。そもそも、そういう事案があっせんに馴染むわけですけれども、その場合に、分担割合の結論とその結論を導いた理由の要旨を、口頭であっせん原案としてお示しします。その際に、先ほどから問題になっていますが、あっせん手続における事実認定には限界があるので、そういった限界を前提にした案であるという説明もします。しかし、たとえば、申立人の責任負担が8割、銀行側が2割という案を出したとして、申立人が「その逆でなければ、どうしても納得できない」といってこれに応じなかった場合には、重ねて、「それでは、和解は難しいですね」という趣旨を説明することになります。

また、分担割合の決定をどのようにするのかという点ですが、紛争類型ごとに、分担割合の決定にあたって意味のある要素のようなものを抽出し、それを考え合わせて分担割合を決定しています。ただし、何かマトリクスのようなものがあって、それに当てはめると何割であると機械的に結論が出るかのように誤解されている向きもありますが、事件によって各要素の重要性の程度が変わるので、実際はそんな単純なものではありません。

このように、あっせん原案は、3名の委員が議論した上で、暫定的なものとして分担割合を提示するわけです。しかし、そうした案については、もちろん各当事者の意見があるわけで、それを聞いた上で、最終的にさらに割合の微調

整をすることがないわけではありません。現にそうした形で互譲がなされ、和解が成立した例もあります。

　全銀協の場合はかなり丁重な手続をとっていまして、口頭で説明したあっせん原案を文書化したものに、その案によった場合の和解契約書案を添付して、当事者双方に送り、それに受諾していただくことになっています。

森　ありがとうございました。次に、大宮先生から、損保協会における扱いについてご説明いただけますでしょうか。

大宮　主に交通賠責に関して、意見を申し上げます。紛争解決委員によって、多少考え方が違う可能性はありますけれども、他の金融ADR同様、基本的には争いのある事実について事実認定を行って1つのストーリーを認定し、そのストーリーに従って、たとえば過失割合を決めるというようなことは、なかなか難しいといいますか、限界があると思います。とくにそんぽADRセンターでは、被害者と保険会社からは話を聞きますけれども、加害者本人から話を聞く機会は設けられていません。任意に出てくれば話を聞けるのですが、加害者が主張しているストーリーの不自然なところを本人に直接聞くという手続が必ずしも約束されていないので、そういう面でも、1つのストーリーを事実認定していく作業には、どうしても限界があるわけです。

　他方で、事故現場の写真等の客観的な証拠もあるので、まずは、その客観的な証拠から、ある程度の幅がある事実認定――こういうストーリーからこういうストーリーまでがありうる――というのを確定し、さらに、その間を埋める部分については、かなりメディエーション的な調整型で和解案を提示する必要があるのではないかというような感覚を持っています。

　また、事実認定は行わないけれども、たとえば、当事者の意見聴取を行う中で、「あなたの言っているストーリーは、裁判になって主張を立証しようとすると、こういうところで立証が難しいのではないですか」、あるいは、「加害者側の主張はこういうストーリーになっているけれども、客観的な状況から見て、かなり不自然な部分があるのではないですか」といった指摘をすることも

有用だと思います。つまり、当事者双方の主張・証拠には、弱い部分や不合理な部分が多少なりともあると思うのですが、そういうところを指摘して、双方に今一歩の譲歩を求めるわけです。

　もう1つは、たとえば、申立人は交通事故に遭って通常の生活が送れないような状態になって非常に腹を立てている一方、加害者は保険会社任せでなかなか表に出てこないことがあります。場合によっては、保険会社の担当者にも杓子定規な対応しかしてもらえず、申立人は、賠償金額がどうかという問題以前に、自分の気持ちを誰もわかってくれないという理由で、非常に腹を立てているようなケースが散見されます。こういうケースにおいては、事実認定以前に、申立人の話を十分聞いて差しあげることによって、かなり譲歩をしてくれる例が、これまでは多かったように思います。最終的には事実認定をすることは難しいのですが、そういうところで当事者双方の歩み寄りを求めて、最終的には和解に漕ぎ着けることも、そんぽADRセンターの交通賠責では多いのではないかと思います。

　和解案提示の基準については、とくに文書化されたルールはありません。ただし、交通事故については、日弁連交通事故センター東京支部の『民事交通事故訴訟　損害賠償額算定基準』（通称「赤本」）や日弁連交通事故相談センターの『交通事故損害額算定基準』（通称「青本」）、過失相殺については　別冊判例タイムズ16号の『民事交通訴訟における過失相殺率の認定基準〔全訂4版〕』による基準が一応あるので、それらを基準にしながら、紛争解決委員が年2回の全体会議で事例紹介を行っており、そこで和解水準の共通化を図っています。

森　この点について、弁護士会ごとでも、仲裁人ごとでも少し違うのかもしれませんが、弁護士会ADRでは、どのようになっているのか、河井先生、お願いします。

河井　もともと弁護士会のADRの議論として、「裁断型・評価型のあっせんがよい」、「裁判上の和解に準じたような進行のほうがよい」、「裁判所に行った

らこうなるという背景の下、和解をあっせんするのがよいのだ」と考える方も大勢いらっしゃいます。逆に、「当事者間の対話促進が原則で、仲裁人はその促進を原則として、自分の意見を言うべきではない」と考える方もいらっしゃるとは思いますが、理論はそうだとしても、実際の和解あっせんの席で意見を言わない弁護士仲裁人は、多分いないのではないかと思います。

　少なくとも一弁では、裁断型・評価型に近いような形になっていると思います。すなわち、あっせん人・仲裁人側で、限定した証拠資料や当事者の発言等も含めた資料をもとに、ある程度の事実認定をして、当事者に対して、「限定した範囲ではこう考えられる。こういう流れだから、こう考えられ、和解金額としてはこれぐらいが穏当ではないか」というような案を提示することが多いのではないかと思います。「当事者に和解案を作らせるほうがよい」という考えの方も当然いらっしゃると思うので、そこは仲裁人次第ですが、どちらがより一般的かといえば、仲裁人側から和解案を提示して、当事者双方を説得していくことのほうであると思います。

2　和解成立に向けた工夫

森　そうした中で工夫されて、手続が進み、和解が成立するわけですね。資料9-①（128頁参照）の指定紛争解決機関の紛争解決手続実施状況（平成22年10月～平成23年9月）を見てみますと、全銀協は既済383件のうち、192件が成立以外、191件が和解成立、日本損害保険協会では既済180件のうち、和解が20件、特別調停が21件、証券・金融商品あっせん相談センター（FINMAC）では既済55件のうち和解が35件となっています。このように、かなり高い割合で和解が成立しているといえると思います（平成24年4月～9月の統計は資料9-②、129頁参照）。とくに苦情申立てで解決しなかった事案の中での解決として見た場合、かなりの高率といえると思います。

　ここまでお伺いしたところでは、資料的にも限定された中で、ある程度の評価を出し、あるいはこれに当事者の意見をいれて最終的な微調整を行い、こうした和解に結びつけていくとのことでした。そこで、どういった形で和解成立に向けた工夫をされ、実際にこれだけの和解成立を見ているのかについて、さ

らに具体的に、このような形で対応・処理しているという実例があれば、そうした各機関における工夫について、ご紹介いただければと思います。大谷先生、いかがでしょうか。

大谷 和解案の中で重要な要素は、やはり過失相殺の問題ですけれども、その前提は事実認定です。先ほど申しましたように、裁判所が行う証拠調べのような厳正な手続を経ているわけではないため限界はあるのですが、苦情処理手続あるいはあっせん手続の中で、とくに事業者側からは相当充実した資料を提出してもらっているので、判断に際して情報が不足しているとは、実はあまり感じていません。

　和解案に応じてもらうための前提としては、FINMAC の中立性を顧客側に認識してもらう必要がありますから、そのための努力をするわけですが、最終的に和解に応じてもらうのに手間がかかるのは、むしろ事業者側といえると思います。事業者側は、和解に応じた金銭を支払うということになると、その担当者の責任問題にもなってくるため、内部的な手続が必要となり、結果として、顧客側よりは時間がかかるということです。

　顧客に対しては、説得するというスタンスに立つと、なかなか難しいところがあります。少し気取っていえば、説得というよりも、顧客に「気付き」を促すための働きかけをする、対話をするということを重視しています。顧客の中には最後までかたくなでこちらの案に応じない方もいますが、十分に説明をすれば、「なるほど、そういうことですか。わかりました」ということで素直に応じてくれる方も少なくないのです。

森 この点について、田中豊先生からもコメントをいただけますか。

田中(豊) 全銀協で行っているあっせん事件の場合は、事件の類型にかなりのバラエティーがあります。従来型の預金の問題、相続に絡んだ引出しの問題といったものから、最近非常に多くなったデリバティブの問題までいろいろです。適格性審査の時に適格性をパスしたものについては、双方当事者に質問状

を送り、それに対して各々の主張と手持ちの資料を出していただいているので、特にデリバティブや投資信託商品の販売等相当数の資料が出てくる事案については、かなりの確度で責任分担の割合についての心証がとれます。しかし、当事者双方に大して証拠がないような事案もあります。そういったものについては、事実認定は難しくなります。たとえば、相続が絡んだ預金の引出しの場合、筆跡鑑定を希望する方がよくいますが、裁判とは違って、そういう手続が用意されていない前提でどこまで事実認定ができるか、最終的にどこまでいえるか、というような悩みもあります。

　たとえば、「請求の循環が起きるようなケースなので、このような形で解決したらどうですか」といった工夫ができることもありますが、請求の循環の輪の1つが途切れているとそれもままならないということもあります。やはり、裁判のように事実認定のための手段が整っている紛争解決の方法と、ADRのように簡易さにかなりの重点を置き迅速に処理していくという紛争解決方法とは、役割分担といいますか、そういう両者の性質をよく考えないと、紛争解決制度としての全体の効率性がうまく図れないのではないかと考えています。

森　そういう意味では、解決案の提示にあたって、かなり柔軟性やクリエイティブさが要求される場面もあろうかと思いますけれども、そうした中で解決に向けた工夫をされているというふうに承りました。大宮先生、この点についてはいかがでしょうか。

大宮　まず、和解の成立に向けた工夫ですが、事実調査に関して、交通事故の場合は、客観的な写真や警察が作った報告書等が資料として出てくることがあるので、基本的には、当事者が提出した書類と、あとは意見聴取をベースに事実確認を行います。それでも当事者間の溝が埋まらない部分については、繰返しになりますが、まずは申立人からしっかりと話を聞くことです。申立人があまり自分の主張を聞いてもらえないまま来ているというケースもかなりあるので、「ガス抜き」というわけではありませんが、とにかく本人の言い分を十分に聞くというプロセスを経て、当事者双方が納得のいく和解案を示すことが重

要だと思います。

森 話をよく聞いて納得感を持ってもらうことが重要だということですね。河井先生、この点についていかがでしょうか。

河井 私の話は、少し皆さん方の観点と違うかもしれません。弁護士会ADRの場合、仲裁人の個性がかなりあるので、和解成立に向けて統一的にこういうことを実施しているということはあまりないのですが、ただ一般的には、やはり丁寧に話を聞くことは、弁護士会ADRでもあっせん人・仲裁人の皆さんが心がけていることだと思っています。両当事者の話を真摯に聞いて中立的に判断することによって、両者のもつれた糸を解きほぐして、何とか和解に持っていく、そういうことを心がけている方は多いと思っています。

　それに関連して、当事者双方が同席で話を聞くのがよいのか、別席で話を聞くのがよいのかということは、仲裁人によって考え方がだいぶ違うところがあります。また、同じ事件でも、この局面では同席、この局面では別席がよいということも、当然ありえます。しかし、ある程度は同席で審理を進め、事実認定に至る過程も含めてお互いのことを聞き、「仲裁人たちは中立でやっているんだな」とお互いが理解することで、話が前に進むというケースも割合よくあると思います。

森 では、この点について利用者の観点から、田中博文先生、いかがでしょうか。

3　あっせん申立てにおける意見書等の活用の是非

田中（博） 少し観点がずれてしまうかもしれませんが、申し上げておこうと思います。裏話になってしまいますが、今回の研修会をやる前に全部で3回ほど打ち合わせがあったのですが、その時に私は、あっせん委員の方にいろいろ質問をしました。まず、「こういうあっせんの申立てに、鑑定書や意見書を出したほうがいいんでしょうか」ということを聞きました。「われわれの中にも、

あっせんの場合は訴訟と違って意見書を出す必要はないのではないかというような意見を持っている人もいるんですけれど、そのあたりはどうでしょうか」、とお聞きしたのです。私自身は、訴訟だけではなくあっせん手続であっても、有利なものは全部出して、意見書も作ったほうがよいのではないかと思っておりましたが、あっせん委員の先生も提出できるものは提出した方が良いという意見でした。

　私も、デリバティブに関してはアナリストの方などに意見書を作ってもらって、どのあたりが問題になるか、提案書の説明もどのあたりが不十分なのか、指摘してもらったことがあります。実際、「こういうふうに書いてあっても、こんなんじゃ理解できない」というようなことが、いろいろあると思います。それから、リスクとリターンがどのように非対称になっているかについても、きっちり論証しなくてはいけないと思います。「自分に損をさせたから、銀行が悪いんだ」と主張するだけでは、絶対勝てません。とくに投資信託などは、現在はほとんどの購入者がかなり損失を被っていますから、その投資信託を分析して、それが何に投資しているのか、リートに投資しているのだったらリートのどういう点が問題なのか、どういう説明をしたのかということまで、専門家の意見書か何かを付けて詳しく主張していかないと、われわれの主張は通らないでしょう。

　ご承知のとおり、最近は、金利スワップについての判例がいろいろありますが、この中に、東京地裁では全面勝訴、高裁では全面敗訴という案件がありました。これはもちろん、説明義務を尽くしたか、尽くしていないかという問題なのですが、裁判所の意見は全く分かれました。逆に、福岡地裁では説明義務を尽くしていたとして購入者側が負けてしまったのですが、高裁では逆に説明義務が十分尽くされていなかったとして勝っている例があります。このように説明義務については、金利スワップの案件でも、裁判所において、かなり微妙な判断の違いがあります。

　ですから、当然あっせん申立てにおいても、あっせん申立てだから手を抜いていいということではないでしょう。やはり意見書をきちんと作って、主張すべきは主張して、どこが問題だったのか、しっかり詰めて主張していくべきだ

と思います。私も、6つの金利スワップを次々にやらされた案件でもうすぐ申立てをしたいので、金融アナリストの方に金利スワップや金利キャップの一般論と仕組み、それから各商品等についての分析について、60枚ぐらいの意見書を書いてもらいました。やはり出すべきものは全部出して事に当たったほうがいいと、今回、あっせん委員の先生から教わりました。

　それと、あっせん案については、当然裁判の場合もそうでしょうけれど、微調整が可能な案件の和解案については、やはり事前に、相手方に提示する前に、申立人に示してもらいたいと思います。申立人に、「このあたりは、こういうふうにしてもらいたい」と事前にいってもらえれば、それに沿って微調整をして相手側に提示したら意外と簡単に和解が成立したにもかかわらず、事前に提示しないで相手方に先に提出されてしまって修正ができなかったケースもありました。ですから、順序としては、なるべく事前に開示していただいて、その上で相手方にも提示するのがよいと思っています。以上です。

4　特別調停案制度の意義

森　いろいろと手を尽くしてやるべきことをやって、あっせん委員にすべて聞いてもらった上で、納得のいく案を提示していただくことが重要ということですね。

　さて次に、今、具体的に紹介があったような和解案を提示した上でのあっせんを試みた上で、金融ADRの特徴として、最後に特別調停案という形で金融機関側に片面的拘束力のある案、すなわち、裁判に移行しないかぎりは金融機関側では受け入れなければいけない案を出すことができるという制度が設けられています。とくに保険の関係で活用されていて、損保協会ではかなりの数の活用例があるようですが、この特別調停案について、具体的にはどのような形で活用されているのか、大宮先生にお伺いしたいと思います。

大宮　資料9-①・②（127・128頁参照）を見ますと、損保協会の特別調停案の成立が突出して多いので、かなり簡単に「伝家の宝刀」を抜いてしまっているのではないかという印象を持たれるかもしれません。しかし、この点について

は、先ほどお話したように、特別調停案で成立した21件というのはすべて一般紛争の事案です。一般紛争においては、損害保険調停委員会の時代から、特別調停案に近い形で和解案を提示するという運用がなされていたので、この運用を引き継いで、これだけの成立をみているということです。

　交通賠責に関しては、過去に1度だけ特別調停案が出されたことがありましたが、結局、この件では訴訟提起がなされて不調に終わりました。したがって、交通賠責の事案で特別調停案が成立した事案は、今のところありません。

森　この点について、全銀協とFINMACでは、特別調停という形で成立したものは統計上出ていません。しかし、特別調停案という制度自体の存在によって、あっせん案・和解案の内容が、最終的には委員会からの特別調停案に転ずる可能性があることから、金融機関側でもこれを受け入れざるをえないという判断がなされる場合もあるのではないかとも推察されます。実情としては、この特別調停案制度の存在はどのように捉えられているのか、お伺いできればと思いますが、大谷先生いかがでしょうか。

大谷　FINMACでは、少なくとも金商法上の指定紛争解決機関になって以降は、特別調停案を提示した例はなく、それ以前にも1件程度しかなかったと聞いています。これについては、調停の過程で特別調停案の提示をちらつかせてあっせん委員の提示する和解案に応じろと迫るような運用がなされたという不満が、当事者から寄せられたという事情もあるようです。FINMACの場合、一般的に特別調停案の提示については、当事者に反発される場合が多いようです。

　それから、特別調停案の提示後の流れですが、顧客側にはそれを受けるか拒絶するかの自由があるわけです。しかし、顧客がそれに応ずる一方で、事業者側が拒絶する場合には、事業者は特別調停案で示された金額をFINMACに預託した上で訴訟を起こさなければなりません。訴訟の中身は、債務不存在確認訴訟ということになるでしょう。そうすると、顧客側では、事業者から仕掛けられたその訴訟に応訴しなければならなくなりますが、それもまた顧客側の負

担になるのではないかと思われます。したがって、委員の共通の理解としては、特別調停案はよほどの事情がなければ提示しないということです。

森　そういう意味では、特別調停案はやはり「伝家の宝刀」というべき存在になっているかと思いますが、この点は全銀協ではいかがでしょうか。田中豊先生、お願いします。

田中（豊）　特別調停案の提示について、全銀協のあっせん委員の間で、その用い方について議論をしたことはありません。この統計資料に表われているように、実際、特別調停案の提示に至った事件はないのですが、私の経験では、特別調停案の提示を検討した事件はありました。その検討自体が、相手方があっせん案を受諾するに至った要因の1つにはなっている可能性はあります。法律の制度なので、相手方銀行としては、それを念頭に置きつつ対応するということになるので、この制度の存在自体が和解成立に貢献するバックグラウンドになっているのではないかと思います。しかし、まだ実績がありませんので、これから特別調停案の提示を行うときにはよく考えなければならないと思っています（その後、平成25年1月31日までに、投資信託事案で2件の、為替デリバディブ事案で1件の特別調停案提示実績ができました）。

森　これに対して、弁護士会では、指定紛争解決機関と違って法的な制度としては存在しないけれども、協定上、協定締結者には特別調停案を受け入れる義務が課されていると思います。そこで、弁護士会ADRでは特別調停案の活用についてどう考えられているか、渡部先生、お願いします。

渡部　今、森事務局長がいわれたように、弁護士会は指定紛争解決機関ではないので、協定書上の特別調停案受諾義務のみがあるわけです。しかし、それを受諾しなければ協定書違反になりますから、サンクションとしては解除の問題が生じます。

　ただ、先ほど大谷先生や田中豊先生がいわれたように、これは「伝家の宝

刀」というべきもので、もしそれによって訴訟を誘発するような事態に至りうるのであれば、やはり通常は、特別調停案は出さないだろうと思います。要するに、そんぽADRのように、金融機関側が受諾しやすくなるという意味で特別調停案を出すのならばよいけれども、訴訟を誘発するようなものは、顧客に応訴の負担が生ずるわけですから、あえて出すべきではないと思っています。東京三会ではないのですが、現に、他の弁護士会で出したもので提訴された事案がありました。そうなってくると、あまり機能しなかったのかもしれません。運用としては、今、私が述べたことが実情であると思っています。

5 あっせん事例の公表と情報の共有

森 では、次のテーマに移りたいと思います。結果の公表と情報共有に関してです。あっせんの各事例について、こうした類型の事案でこう解決したという情報が以後の事案解決の指針になることもあるでしょうし、それらについての情報交換もある程度なされているかと思います。そこで、具体的にどういった形で情報の共有等が図られているのか、ご紹介いただきたいと思います。まずFINMACについては、大谷先生、いかがでしょうか。

大谷 FINMACでは、情報共有のために、個別事案別の紛争の概要や紛争解決の状況等を要約・整理した「あっせん事案総括表」が、3カ月ごとにあっせん委員に提供されています。これによって、他の委員のあっせんの状況を知ることができます。

　それから、年に1回、東京本部と大阪事務所で、当機関に所属するすべてのあっせん委員が集まる会合が開かれ、そこで、各委員が抱える問題を協議し合い、さらには事例研究が行われます。事例研究の場ではかなり厳しい議論のやりとりがなされます。ですから、あっせんをするにあたっては、委員1人ひとりが相当覚悟を決めて取り組まないと、内部的な批判を受けることになります。

森 全銀協についてはどうでしょうか。田中豊先生、お願いします。

田中(豊)　全国に 16 の小委員会が存在するようになってから初めてですが、本年(平成 24 年)7 月にあっせん委員会の全体会議が開催される予定です(平成 24 年 7 月 6 日および同年 10 月 30 日に全体会議が開催されました)。ここでは、新規の問題点についての研究や解決内容の平準化というような点を含めて、あっせん手続の適正・迅速化を期した率直な議論をしたいと考えています。

　それと、全銀協のあっせんにおいては、あっせん案・和解条項案は文書の形で各小委員会が示すことになっていますが、それらは、その都度すべてのあっせん委員に対して書面または電子メールで送付されることになっており、日常的に情報共有ができています。つまり、他の委員が、どのような紛争について、どのような解決しているのかということが、リアルタイムでわかるようになっています。

森　損保協会については、大宮先生、いかがでしょうか。

大宮　損保協会では、交通賠責については、年に 2 回、すべての紛争解決委員が集まる全体会議があります。そこでは事例紹介を行って、あっせん方法や和解案の具体的内容について委員間で議論をし、認識を共有する機会が設けられています。そのほか、各委員には、事務局から定期的に事例概要を整理した資料が送付されており、それによって過去の事例について確認することができます。

　一般紛争についても同様に、電子メール等で情報と認識の共有を行っています。

森　弁護士会については、河井先生からお願いします。

河井　弁護士会の金融 ADR は、まだ事例がそれほど多くないのですけれども、東京三会ではこれまで、仲裁実務研究会を開いて事例報告をしています。今後も、そうした事例報告や研究会等を行っていきたいと思っています。

6　事件処理結果の対外的公表

森　以上は、あっせん委員内部の情報共有についてでしたが、続いて、各指定紛争解決機関における処理結果の対外的な公表について伺いたいと思います。まず全銀協における公表の扱いについて、田中豊先生、お願いします。

田中(豊)　全銀協では、あっせん委員会における事件処理については、あっせん手続の透明性の確保と利用者への便宜という観点から、四半期ごとに、和解が成立したものと成立しなかったもの両方を含め、当該四半期に終結した全事件の概要、当事者双方の主張や処理結果等を整理して、当協会のホームページ上に公表しています。これは、金融商品の種類ごとに検索できるようになっており、かなりの程度、申立人にも相手方の銀行にも、利用されているようです。

森　FINMACについては、大谷先生からお願いします。

大谷　FINMACでは、ほぼ全銀協に準じた取扱いをしています。当センターのホームページにも、今、田中豊先生がおっしゃったのと同じような内容のものが掲載されています。

森　大宮先生、損保協会についてご紹介いただけますか。

大宮　そんぽADRセンターでも、紛争解決手続が終了した全事案について、その概要を公表しています。これは、保険会社や申立人に、新たに申立てをする際などに参考にしてもらうためであると聞いています。

VI　総括

渡部　ありがとうございました。最後に、このパネルディスカッションの総括

として、先生方から一言ずつお願いしたいと思います。では、大谷先生からどうぞ。

大谷 あっせん委員になってそれほど間がないのですが、裁判所で和解による解決に取り組み、苦労した私のような者から見ますと、金融ADRにおける和解率の高さには驚くばかりです。もう少し詳しく申しますと、5回以上期日を重ねたものは100％和解が成立しているという状況で、これは、裁判所の和解状況とまるで違います。どうしてこんなに違うのか、今でもよくわからないところです。

　原因の1つは、金融ADRでは、苦情処理手続の段階で、当事者双方の問題意識がかなりよく整理されているということもあるでしょう。それから、あっせん委員に人を得ているということもあるかと思います。また、1人のあっせん委員が担当し、和やかな雰囲気の中で当事者と率直に意見交換ができる場が用意されていることが挙げられます。親しみやすさは、FINMACのADRの長所であると考えています。

渡部 田中豊先生、一言よろしくお願いいたします。

田中（豊） 金融ADRにおいては、1つには適正性を重視すること、もう1つには簡易・迅速性を重視すること、その2つのバランスをうまくとるやり方を実務の中で考案していく、工夫していくことが重要だろうと思います。ただし、「金融ADRについては、こういう形が唯一の正しい解である」というものはないと思いますので、今日のように、ADR機関のそれぞれが競争し合うといいますか、意見交換をし合って切磋琢磨していくことが、非常に重要ではないかと感じています。

渡部 大宮先生、お願いします。

大宮 これは他の金融ADRにも共通することですが、そんぽADRセンター

というのは業界団体が作ったADR機関ですので、やはり利用者側からすると、「保険会社寄りの判断をするのではないか」といった疑念を持たれることが多い気がします。こうした偏見を払拭する必要があるというのが、われわれ紛争解決委員の共通認識であって、あくまでも中立・公正な立場から判断を下していくことを共通理解として持っています。

　それと、繰り返し説明をしたように、当事者の不満を十分に聞くことが重要であると思っています。裁判ではなかなか時間を割けない部分について、われわれが1時間、2時間と話を聞くことによって、妥当な解決を図れるケースもあるのではないかと感じています。

渡部　河井先生、一言お願いします。

河井　弁護士会は、信用金庫・信用組合・農協・漁協・労働金庫と、全国組織の協定をしているわけですが、全銀協やFINMAC、損保協会と比べると数が全然少ないというか、まだ案件がほとんど来ていないというのが現状です。同じような業態であるにもかかわらず案件が少ないのは、これはまさに、広報活動が不足しているからだと思っているので、広報活動によって弁護士会金融ADRの認知度自体を向上させて、簡易・迅速な救済を全うしたいと考えています。

渡部　田中博文先生、最後に一言お願いします。

田中(博)　とくに仕組債で、評価損がいくらか出ているというケースがあると思いますが、この場合、裁判所で金銭的な回収を得たとしても商品は残ってしまいます。その商品というのは、実際、相手方の証券会社が引き取ってくれないと、ほとんど流動性がないのです。だからこそ、和解で全部解決しないといけないわけです。たとえば5,000万円ぐらいの仕組債だと、購入した証券会社以外はどこも買い取ってくれません。10億円くらいであれば、それをばらばらにして仕組債を作り直し、他の金融機関に売ることもできますが、5,000万

円程度ではそれもできませんし、どこも引き取ってくれません。ですから、裁判で金銭的な回収をして評価損だけ解消しても、実際に商品が残ってしまうというわけで、したがって、和解で商品を引き取ってもらい全面的な解決を図らなくてはならないのです。

　裁判だと、1審で1年半ぐらいかけて証拠調べをしなければなりません。その中で、和解の手続も何回か行われるでしょう。たとえ裁判に勝ったとしても、相手方銀行は絶対控訴してきますから、そこでまた1年ぐらいかかって、全体で2年や3年はかかってしまいます。その点、金融ADRを利用して半年ぐらいで解決できれば、そのほうがよいと私は思います。もしかしたら、3年先には相手方は倒産してしまうかもしれないのです。そうなればなおのこと、その商品は持って行き場がなくなってしまいます。そういう可能性も考えれば、早く解決することも重要であるはずです。そこで、金融ADRで解決を図るのが適切な案件か否かを見極めて、ぜひ金融ADRを積極的に利用していただきたいと思うのです。今日もいろいろな方法が紹介されましたが、それらをうまく利用していただければと思います。以上です。

渡部　どうもありがとうございました。

司会　パネリストの先生方、非常に有益なお話をありがとうございました。最後に、日弁連ADRセンターの渡部委員長から、閉会のご挨拶をいただきたいと思います。渡部先生、お願いします。

渡部　本日は、誠に貴重なお話をありがとうございました。われわれ弁護士会も、指定紛争解決機関の全銀協、FINMAC、損保協会と手を携えて、この金融ADR制度を充実させていきたいと思っております。そうしたことは、顧客あるいは金融機関、それから代理人である弁護士の紛争解決のための手段が拡大することに繋がると思います。

　先ほど河井先生からお話がありましたように、弁護士会では現地調停あるいは移管調停に関する協定をほぼすべての地方会と結んでいます。これがさらに

充実しますと、全国各地の顧客の代理人あるいは金融機関から東京三会に申し立てることが可能になり、テレビ会議でも紛争解決ができることになります。ぜひ、未締結の地方会にはご協力いただき、金融ADR制度を発展させていただきたいと思います。

　本日は、ご清聴ありがとうございました。

第3部

日弁連ADR（裁判外紛争解決機関）センターの金融ADR制度に対する取組みと今後の展望

渡部　晃（日本弁護士連合会ADR（裁判外紛争解決機関）センター委員長）

I はじめに

　周知の通り、平成 21 年 6 月 24 日に公布された「金融商品取引法等の一部を改正する法律」（平成 21 年法律第 58 号）は、金融分野における裁判外紛争解決制度（金融 ADR 制度）の創設等を、その内容としていた（平成 22 年 10 月 1 日施行）。

　金融 ADR 制度については、これまで業態ごとに行われてきた苦情処理・紛争解決の取組みを、金融関連の各業法の目的に沿って、金融商品取引法のほか、銀行法、保険業法など 16 の業法において金融 ADR に関する規定を新たに設け、金融 ADR 制度を業法上の枠組みとして整備して、いわゆる「指定紛争解決機関制度」を創設し、各業態における苦情処理・紛争解決の取組み状況を踏まえ、指定紛争解決機関の設置は業態ごとに任意とし、申請に基づき指定する枠組みとして（金融商品取引法 156 条の 39 第 1 項）、業態ごとに、「指定紛争解決機関が存在する場合」（同法 37 条の 7 第 1 項 1 号イ等）と「指定紛争解決機関が存在しない場合」（同号ロ等）とによって、金融機関の「金融 ADR 制度」に対する対応をわけることとした。

　指定紛争解決機関が存在する場合、金融機関に指定紛争解決機関の利用を義務付けることとし、一方、指定紛争解決機関が設立・指定されない場合においても、金融トラブルに対する利用者保護を図るため、個別金融機関に対して苦情処理・紛争解決のための一定の対応を求めることとしていた（同法 37 条の 7 第 1 項 1 号）。

　その対応の一環として、内閣府令では、「弁護士会の仲裁センターにおけるあっせんまたは仲裁手続」その他の機関で、「金融商品取引業等業務関連紛争の解決を図ること」が定められた[1]。

　本稿（第 3 部）では、「指定紛争解決機関が存在しない場合の紛争解決措置」について、弁護士会の仲裁センター、紛争解決センターにおける取組みの現況について、述べることにする。

Ⅱ 日弁連ADR（裁判外紛争解決機関）センターについて

　弁護士会のADR機関については、現在、全国で32弁護士会（35センター）（平成25年4月現在）が「弁護士会仲裁センター」「弁護士会紛争解決センター」等の名称で、弁護士会運営のADRの実践に携わっている。

　それらのセンターは、いわゆる「総合ADR」であり、一般的な民事紛争から、医療、建築、知的財産、交通事故、消費者事件等の専門的知識を要する紛争など、ほとんどの紛争を取り扱っている[2]。

　日本弁護士連合会ADR（裁判外紛争解決機関）センター（以下「日弁連ADRセンター」という）は、こうした各「弁護士会仲裁センター」等をサポートするため、平成13（2001）年6月に、「ADR関係の調査研究、各単位会の裁判外紛争解決機関の連絡・調整」を目的として設立されたものであり、全国の各「弁護士会仲裁センター」等の運営をする弁護士会員100名余で構成されている。

　具体的には、毎年、「全国仲裁センター連絡協議会」や「全国弁護士会仲裁センター実務懇談会」の開催、「仲裁統計年報（全国版）」の発行、「ADRについて日弁連特別研修会」の企画および書籍化、「各種ADR機関から弁護士会への協力要請に対する対応」など、適正なADR機関の創設・発展・運営に寄与しているところである。

　たとえば、日弁連ADRセンターは、平成20年6月から全国8高裁所在地近辺の弁護士仲裁センター等に「医療ADR」を設置する取組みをはじめ、現在11弁護士会に、医療ADRを設置している[3]。

---

1)　金融商品取引業等に関する内閣府令115条の2第2項。なお、「弁護士会の仲裁センター」以外では、「金融商品取引業協会または認定投資者保護団体のあっせん」「国民生活センターまたは消費生活センターのあっせんまたは合意による解決」「金融商品取引業等業務の種別に応じた指定紛争解決機関または他の業法上の指定紛争解決機関が実施する紛争の解決を図る手続」等である。

2)　たとえば、第一東京弁護士会仲裁センターホームページ（http://www.ichiben.or.jp/consul/discussion/cyusai/qanda.html）参照。

また、受信障害対策共聴施設の地上デジタル放送への対応に伴って生じる民事的な紛争に関する紛争処理事業（いわゆる地デジADR）について、平成21年8月に総務省および社団法人デジタル放送推進協会から手続実施者の推薦依頼がなされ、日弁連ADRセンターが中心となってこれに対応し、地デジADRの調停員として、全国各地の弁護士会から180名の弁護士を推薦し、運営委員として2名の弁護士を推薦した[4]。

Ⅲ　金融庁からの協力要請と日弁連ADRセンターの対応

1　金融庁からの協力要請

　新法施行日（平成22年10月1日）の3カ月前となる平成22年6月30日、金融庁担当者が、日本弁護士連合会を来訪し、日弁連ADRセンター委員長の筆者が対応することとなった。

　金融庁担当者によれば、第2種金融商品取引業者等が金融ADR制度に未対応で、金融庁が「報告命令」を出したので、弁護士会に問い合わせがくるであろうとのことであった[5]。

　とりわけ、第2種金融商品取引業者等は、関東に集中しており、東京三弁護士会（以下「東京三会」という）にアクセスが多くなるとの予想が述べられた[6]。

　ただ、日弁連側には、平成22年6月30日時点で前述の16業法のうちのどの業態に「指定紛争解決機関」が設けられて、どの業態に「指定紛争解決機

---

　　3)　日弁連ウェブサイト（http://www.nichibenren.or.jp/activity/resolution/adr/medical_adr.html）参照。
　　4)　総務省ウェブサイト（http://www.soumu.go.jp/main_content/000038370.pdf）参照。
　　5)　その他、信用金庫、労働金庫、信用組合、農業協同組合、漁業協同組合等が金融ADRに未対応とのことであった。
　　6)　平成22年6月30日時点で、金融庁の提示資料によれば、全国に第2種金融商品取引業者、投資運用業、投資助言・代理業が2,006社あり、そのうち関東に1,568社（うち東京に1,286社）が存在するとのことであった。

関」が設けられないのか、(さらにいえば、どの業態が、金融 ADR 制度に未対応なのか)——明確な情報が、金融庁以外からは、もたらされていなかった。われわれ日弁連 ADR センターが、これに協力するとすれば、少なくとも、当時、「弁護士会仲裁センター」等が設置されていた 26 弁護士会に対して、金融 ADR に関する情報提供[7]、これに対する協力要請[8]等が必要であると考え、現に実行された。

2　単位弁護士会の金融 ADR 制度に対する対応—東京三会の対応を中心に

東京三会には、それぞれ「仲裁センター」等[9]が存在するのであるが、金融 ADR 制度に関する対応のような対外的事業を行う場合には、東京三会が共同して行うのが通例であった[10]。

東京三会は、今回の金融 ADR 制度の導入以前から、金融機関 14 団体[11]との間で、各々協定書を結んでいた。それは、「金融取引トラブル」に関する紛争を、それらの団体の各「苦情相談」の部署から東京三会の仲裁センターへ、案件が回付されることを意図したものであったが、ほとんど機能していなかっ

---

[7]　金融 ADR 制度に関する講義(日弁連テレビ会議システムによる全国配信)、金融機関との「金融 ADR に関する協定書雛形」の提供などが想定された。実際、これらは、単位弁護士会に対する協力要請と同時に、または相前後して、実行された。

[8]　日弁連は、「弁護士会仲裁センター」等が設置されていた 26 弁護士会に対し、金融 ADR に関する協力要請を行うのと相前後して、「弁護士会仲裁センター」等が未設置である 26 弁護士会に対し、「仲裁センター」等の新規設置の検討を要請した。

[9]　仲裁センター(第一東京弁護士会、第二東京弁護士会)、紛争解決センター(東京弁護士会)の各名称で、それぞれの弁護士会に設置されている。

[10]　たとえば「東京三会医療 ADR」では、東京三会共通の調停人名簿(医療側 15 名、患者側 15 名、合計 30 名)を備えて、東京三会共通調停人が、医療 ADR 案件を各会仲裁センター等で扱っている。

[11]　東京三会と提携契約を締結していた 14 の金融機関等諸団体とは、①東京銀行協会、②信託協会、③全国労働金庫協会、④全国信用金庫協会、⑤不動産証券化協会、⑥全国農業協同組合中央会、⑦株式会社ゆうちょ銀行本店、⑧日本証券投資顧問業協会、⑨全国信用組合中央協会、⑩全国漁業協同組合連合会、⑪日本商品投資販売業協会、⑫投資信託協会、⑬消費者信用個人情報保護協会、⑭前払式証票等発行協会である。

た。

　東京三会とこれらの金融機関14団体との間の既存の協定書は、新法施行とともに解消されることが予想されたが、「全国労働金庫協会」「全国信用金庫協会」「全国信用組合中央協会」「全国農業協同組合中央会」「全国漁業協同組合連合会」等との各協定書については、金融ADR制度に対応した新協定書（資料12、136頁以下参照）締結と傘下個別金融機関の受諾書（資料13、140頁参照）提出まで、その効力を存続することとなった。

　日弁連ADRセンターから各単位弁護士会に提供された協定書ひな形は、2種類であり（資料11（132頁以下）および資料12参照。資料13は金融機関団体傘下の個別金融機関の受諾書[12]である）、東京三会は、これに従って金融機関と金融機関諸団体から、申入書を提出していただくこととなった。

　東京三会は、平成22年7月と同年8月の2回にわたり、金融機関に対して金融ADRに関する説明会を開催した。

　いずれの説明会も、開催予定日を東京三会のホームページに掲載されただけであったにもかかわらず、100名余収容できる会場が満席となり、金融ADR制度に関する個別金融機関の関心の高さを窺わせた。

　その後、東京三会と各金融機関および金融機関団体[13]との間で、多数の協定

---

12) 金融ADR制度は、ADR機関と個別金融機関との間の協定書締結等の「紛争解決措置」であることが原則であろうが、東京三会は、従前の金融機関団体との協定締結の事実を重視して、まず、東京三会が金融機関団体と金融ADRに関する協定書を締結し（資料12）、後日、当該金融機関団体傘下の個別金融機関に上記協定書内容を受諾する旨の所定の受諾書（資料13）を提出させることにより、東京三会と当該金融機関との金融ADRに関する個別の契約関係に入る構成をとっている。
　　これは、個別の金融機関が、金融ADRに関する紛争解決措置を講ずる際の手数料等をも節減する効果も生むことになると考えたためである。

13) 東京三会と協定書を締結した7金融機関団体名と、それぞれ受諾書を提出した個社数は、「全国信用金庫協会」（266信用金庫）、「全国信用組合中央協会」（159信用組合）、「全国労働金庫協会」（14労働金庫）、「全国農業協同組合中央会」（265農業協同組合）、「全国漁業協同組合連合会」（175漁業協同組合）、「日本資金決済業協会」（21社）、「不動産証券化協会」（7社）である（合計907社〔2012年3月31日時点〕）。第一東京弁護士会ホームページ（http://www.ichiben.or.jp/consul/discussion/cyusai/kinyuadr.html）参照。

書が結ばれることとなった。

そして、全国の弁護士会の金融機関または金融機関団体との協定書締結状況は第1部［I］の図表2（8頁）のとおりである[14]。

東京三会が、協定申入数・協定締結数において、他の地方弁護士会より群を抜いて多いのは、もっぱら、金融機関の本店や金融機関団体の本部の各所在地が、東京に多いということに起因すると思われる。

3　弁護士会 ADR における金融 ADR に関する協定書ひな形の特徴

日弁連 ADR センターから提供された協定書ひな形（弁護士会仲裁センター用）（資料11、資料12、資料13）には、指定紛争解決機関における「手続実施基本契約」（金融商品取引法156条の44第2項）にならって、金融機関に対し、「手続応諾義務（出席義務）」[15]および「資料提出義務」[16]（資料11の4条、資料12の4条、資料13の1項）、「和解案受諾努力義務」（資料11の5条1項、資料12の5条1項、資料13の2項第1文）、「特別調停案受諾義務」[17]（資料11の5条2項、資料12の4条2項、資料13の2項第2文）が定められ、それぞれ協定書上の金融機関側の義務として規定されている。

IV　東京三会の金融 ADR に対する体制整備

1　東京三会の金融 ADR 調停人候補者

東京三会の金融 ADR は、原則として、2名の調停人・あっせん人が、調停

---

14) 2012年11月末時点で、全国の弁護士会と協定書を締結した金融機関個社は547社であり、金融機関団体は33団体である。金融機関団体傘下の金融機関数（東京三会だけで前述のとおり907社であった）をあわせると、全国の弁護士会と金融 ADR に関する契約関係にはいった金融機関数は、約1,500社を超えるものと思われる。
15) 金融商品取引法156条の44第2項2号に相当。
16) 金融商品取引法156条の44第2項3号、156条の50第6項に各相当。
17) 金融商品取引法156条の44第2項5号、同6項、156条の50第6項に各相当。

を行うこととしている。

　そのうち1名は、金融機関側の代理人として長年活動した弁護士で、金融商品等のトラブルについて造詣の深い調停人であり、他の1名は、顧客側の代理人として長年活動した弁護士で、金融商品等のトラブルについて造詣の深い弁護士である。

　東京三会は、これらの調停人を各会が、金融機関側15名、顧客側15名ずつ、各々選任することとした（東京三会合計で、金融機関側45名、顧客側45名ずつ、総計90名）。

　これは、弁護士会ADRが、金融ADRにおいて、「専門性」と「公平性」を調停人のレベルにおいて、確保しようとしたものである[18]。

2　東京三会の金融ADR「現地調停」「移管調停」の試み

　金融ADRに関する新法施行後、ある金融機関団体から、東京三会の金融ADR調停人が、地方で、「出張調停」をしてもらえないかとの打診があった。

　その調停人の旅費・日当等は、当該金融機関団体が負担するというものであった。

　金融機関団体傘下の個別の金融機関のなかには、地方に本店があるものもあったから、当然の希望とも思われた。

　そのような「出張調停」は、東京三会ADRにおいて、調停人の個別の判断で規則上なしうるが、「地方案件」においては、すべての調停人が、必ずしもそのようには取り扱わないだろうと想定された[19]。

　そこで東京三会は検討を重ね、金融ADR「現地調停／移管調停制度」を立ち上げることとした。

---

18)　平成19年9月から、東京三会で開始した東京三会「医療ADR」では、医療側調停人15名、患者側調停人15名（合計30名）の東京三会共通の「調停人名簿」を作成し、医療ADRにおける「専門性」と「公平性」を確保した。東京三会の「金融ADR」は、この「医療ADR」モデルを参考に立案されたものである。前掲（注10）参照。

19)　それは、たとえば、旅費・交通費が多額にのぼる例が多く発生し、少額の案件において、当事者に多額の費用の負担が発生する等の理由である。

> ●**現地調停**　東京三会以外の弁護士会所属の弁護士と東京三会所属の弁護士が共に調停人となって、テレビ会議の方法等を利用して、上記東京三会以外の弁護士会の会議室または弁護士事務所において調停手続を実施すること
> ●**移管調停**　東京三会以外の仲裁センター等を設置してある弁護士会に両当事者の同意を得て、係属事件を当該仲裁センターに移管すること

　この「現地調停／移管調停制度」は、弁護士会同士の弁護士会ADRにおける「ネットワーク化」の試みである。

　とりわけ「現地調停」は、「Skype」を利用したテレビ会議システムにおいて、調停を行うという初めての試みであり、しかも、東京三会以外の地方会所属の弁護士の方を「東京三会金融ADR調停人」候補者にあらかじめ選任することを考えたものであり、斬新なものといいうるであろう[20]。

　なお、東京三会は、かような「現地調停／移管調停制度」を実現するため、金融機関5団体[21]および全国に支店を有する一金融機関との間で、その実行費用等の支弁のため、別途覚書を締結している。

---

20)　平成24年12月10日時点で、東京三会と「現地調停」に関する協定書を締結している単位弁護士会は、32会（札幌、旭川、釧路、青森県、岩手、秋田、山形県、福島県、茨城県、栃木県、群馬、千葉県、新潟県、長野県、福井、滋賀、和歌山、兵庫県、広島、鳥取県、島根県、山口県、香川県、愛媛県、徳島、高知、福岡県、長崎県、熊本県、大分県、宮崎県、沖縄）であり、「移管調停」に関する協定書を締結している単位弁護士会は、17会（札幌、山形県、仙台、福島県、埼玉、横浜、金沢、岐阜県、愛知県、奈良、兵庫県、岡山、広島、愛媛県、福岡県、熊本県、鹿児島県）である。「現地調停」および「移管調停」に関する両協定書を締結した単位弁護士会は、8会（札幌、山形県、福島県、兵庫県、広島、愛媛県、福岡県、熊本県）である。

21)　「全国信用金庫協会」（266信用金庫）、「全国信用組合中央協会」（159信用組合）、「全国労働金庫協会」（14労働金庫）、「全国農業協同組合中央会」（265農業協同組合）、「全国漁業協同組合連合会」（175漁業協同組合）、合計879社（2012年3月31日時点）。

3　金融 ADR の広報

　東京三会が、協定書を締結している金融機関および金融団体数は、第 1 部［1］図表 2（8 頁）のとおり、金融機関個社 416 社、金融団体 7 団体であるが、前述のとおり 7 団体傘下に、907 社の金融機関が存在するから、結局、東京三会と金融 ADR に関する契約関係にある金融機関は合計 1,323 社（平成 24 年 11 月 30 日現在）ということになる。

　契約数に比して、東京三会に申し立てられる金融 ADR の件数は、さほど多くはない。

　その一因は、金融 ADR に関する広報が、東京三会も金融機関側も、ホームページに限られており、金融紛争を抱える顧客に周知されていない可能性がある点である。

　東京三会は、以上の状況をふまえ、平成 24 年 12 月からポスターおよびパンフレット（103 頁以下参照）を各金融機関本店および各支店の店頭に掲示または備置してもらうよう、各金融機関団体に依頼したところである。

　平成 25 年度末には、これらの広報の効果が期待されるところである。

V　おわりに

　弁護士会 ADR における「金融 ADR 制度」は、様々な試みを重ね、進化を続けている状況にあるというべきであろう。

　また、その「金融 ADR 制度」は、「横断的な金融 ADR」[22]としても、機能しうるものであり、多様な可能性が考えられ、読者諸兄には、その行く末に、ご注目いただきたいところである。

　　22）　中沢則夫=中島康夫「金融分野における裁判外紛争解決制度（金融 ADR 制度）の概説」金融法務事情 1873 号（2009 年）37 頁、中沢則夫=中島康夫「金融分野における裁判外紛争解決制度（金融 ADR 制度）の概要」商事法務 1876 号（2009 年）50 頁、大森泰人『詳説金融 ADR 制度〔第 2 版〕』（商事法務・2011 年）60 頁参照。

ポスター

金融ADR

早くて安心、弁護士会の紛争解決

金融商品・サービスに関する紛争解決には、東京三弁護士会の［金融ADR］をご利用ください

テレビ会議システム等で
全国対応
（一部地域を除く）

| 金融ADRの申立・ご相談は東京三弁護士会へ |

住　所　〒100-0013　東京都千代田区霞が関1-1-3　弁護士会館

地下鉄／霞ヶ関駅から（丸の内線・日比谷線・千代田線）
❶B1-b 出口より直通　❷A1出口より徒歩2分　❸C1出口より徒歩3分

地下鉄／桜田門駅から（有楽町線）
❹5番出口より徒歩5分

**第一東京弁護士会
仲裁センター**
●弁護士会館11階
TEL 03-3595-8588
受付時間
10:00〜12:00／13:00〜16:00
ホームページ
http://www.ichiben.or.jp/

**第二東京弁護士会
仲裁センター**
●弁護士会館9階
TEL 03-3581-2249
受付時間
9:30〜12:00／13:00〜17:00
ホームページ
http://niben.jp/

**東京弁護士会
紛争解決センター**
●弁護士会館6階
TEL 03-3581-0031
受付時間
9:30〜12:00／13:00〜15:00
ホームページ
http://www.toben.or.jp/

パンフレット①

早くて安心。弁護士会の紛争解決

金融ADR

[金融商品・サービスに関する紛争解決方法（ADR）には、東京三弁護士会の金融ADRをぜひご利用ください]

テレビ会議システムで全国対応（一部地域を除く）

東京三弁護士会
｜第一東京弁護士会｜第二東京弁護士会｜東京弁護士会｜

金融ADRの申立・ご相談は

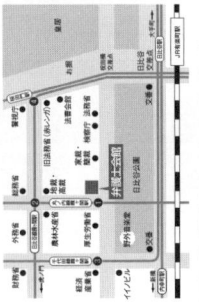

地下鉄／霞ヶ関駅から（丸の内線・日比谷線・千代田線）
① B1-b 出口より直進　② A1出口より徒歩2分　③ C1出口より徒歩1分
地下鉄／桜田門駅から（有楽町線）
⑤ 5番出口より徒歩5分

住所
〒100-0013
東京都千代田区霞が関1-1-3　弁護士会館

第一東京弁護士会 仲裁センター
弁護士会館11階
TEL 03-3595-8588
受付時間　10:00～12:00／13:00～16:00
ホームページ　http://www.ichibenor.jp/

第二東京弁護士会 仲裁センター
弁護士会館9階
TEL 03-3581-2249
受付時間　9:30～12:00／13:00～17:00
ホームページ　http://niben.jp/

東京弁護士会 紛争解決センター
弁護士会館6階
TEL 03-3581-0031
受付時間　9:30～12:00／13:00～15:00
ホームページ　http://www.toben.or.jp/

金融ADRとは

金融ADRとは、金融商品やサービス、貸付取引に関する利用者（顧客）と金融機関とのトラブルを、金融分野に精通したあっせん人（弁護士）が、中立・公正な立場で話し合いに関与し、裁判によらないスピーディーで納得感のある紛争解決を目指すものです。

こんなことでお困りのかた、ぜひご利用ください
- 金融機関から十分な説明を受けないまま購入した金融商品で大損をした。
- 金融機関への返済条件が厳しく、生活が立ちゆかないから、など

対象となる金融機関

東京三弁護士会の金融ADRは、東京三弁護士会と協定を結んだ次の金融機関とのトラブルを対象にしています。

- 全国労働金庫協会会員の労働金庫
- 全国信用金庫協会会員の信用金庫
- 全国信用組合中央協会会員の信用組合
- 全国農業協同組合中央会会員の農協・信連・農林中金
- 商工組合中央金庫
ほか

※詳しくは各弁護士会のホームページにてご確認ください

金融ADRの費用

申立と話し合いに必要な費用は、原則として金融機関が負担するため無料です（顧客）。トラブルが解決したときは、以下の成立手数料を利用者（顧客）と、金融機関とで原則各2分の1ずつ負担していただきます。

解決額（P）	P×8%
～300万円	24万円＋(P－300万円)×3%
300万円～1500万円	60万円＋(P－1500万円)×2%
1500万円～3000万円	90万円＋(P－3000万円)×1%
3000万円～5000万円	110万円＋(P－5000万円)×0.7%
5000万円～1億円	

※成立手数料（税別）

パンフレット②

| 手続の流れ |

STEP：1 紛争の発生から ADRの申立まで

❶トラブルの発生
利用者（顧客） ― 金融機関

❷金融ADRの申立
利用者（顧客） → 弁護士会

❸手続への参加要請
弁護士会 → 金融機関

STEP：2 期日の開催と手続の内容

あっせん人
❹主張・資料提出
❺提出要請
❻和解あっせん
利用者（顧客）／金融機関

STEP：3 紛争解決までの流れ

❼和解成立 トラブル解決
あっせん人
利用者（顧客）／金融機関

＊東京三弁護士会とは、第一東京弁護士会、第二東京弁護士会、東京弁護士会をいいます。
金融ADRに関する詳細は、各会の窓口にお問い合わせください。

| よくあるご質問 |

Q1. 申立の方法を教えてください。

まず、東京三弁護士会の窓口で、申立書や関係書類を提出し、申立を行っていただきます。お近くの弁護士会関係事務局会の窓口、ホームページにてご用意しています。

Q2. 金融機関は手続に出席するのですか？

金融ADRでは、協定を結んだ金融機関は手続に必ず出席しなければなりません。また、金融機関は、あっせん人からの指示により提出書類を提出したり、利用者の要望を踏まえる業務を負います。このように、利用者保護のため、金融機関には、手続への協力義務が課されています。

Q3. 手続はどこで開かれるのですか？

原則として弁護士会館（東京・霞ヶ関）で開催されます。東京以外にお住まいの方は、お近くの弁護士会館等でテレビ会議システム等を利用して手続を開催できます（一部地域を除く）。詳しくはお問い合わせください。

Q4. あっせん人の役割を教えてください。

金融ADRでは、顧客と金融機関、それぞれの立場に詳しい名簿（主に3名）があっせん人になります。あっせん人は出席者の話をよく聞き、必要に応じて資料提出を求めたり、和解案を提示したりして、当事者の和解をサポートします。ただし、一方の立場に加担することなく、中立・公正に手続を行います。

Q5. 解決にかかる時間はどのくらいですか？

弁護士会ADRによる平均的な紛争解決期間は約90日間（審理回数にして約3回）です。金融ADRは裁判に比べ、かなりスピード感のある解決を期待できます。

Q6. 解決内容は守られるのですか？

金融ADRで成立した「和解」は、裁判外とはいえ強制的に権利を実現することはできません。しかし、当事者の合意があれば、「仲裁判断」により、裁判での判決とほぼ同様の効果を得ることができるので安心です。

V おわりに 105

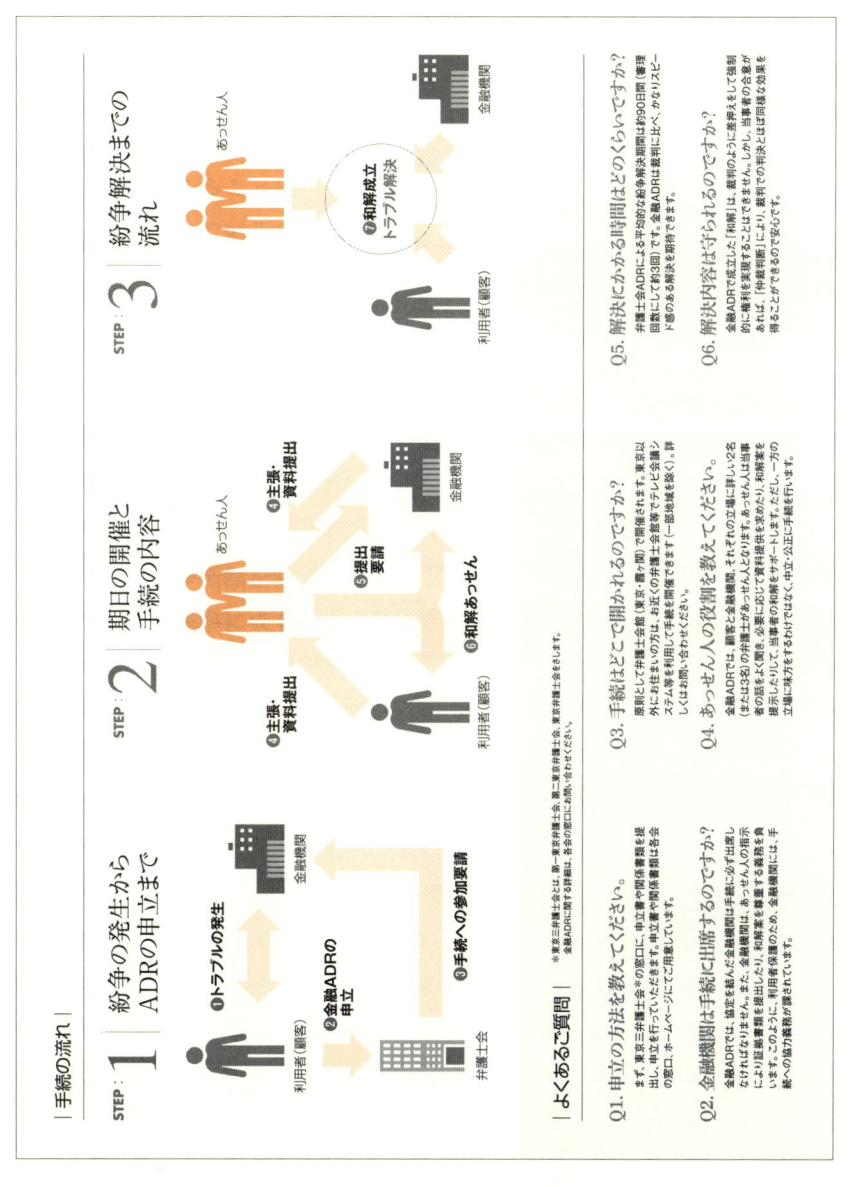

資料目次

- 資料 *1*　全国銀行協会：あっせん申立書（顧客用）…108
- 資料 *2*　全国銀行協会：答弁書…112
- 資料 *3*　全国銀行協会：主張書面（顧客用）…114
- 資料 *4*　全国銀行協会：申立書別紙（記載例）…115
- 資料 *5-①*　そんぽADRセンターによる紛争解決手続の流れのイメージ①（一般紛争・顧客の申立て）…118
- 資料 *5-②*　そんぽADRセンターによる紛争解決手続の流れのイメージ②（交通賠責・顧客の申立て）…119
- 資料 *6*　各金融ADR機関（指定紛争解決機関）の業務実施状況…120
- 資料 *7*　指定紛争解決機関の利用者利便性向上に向けた取組状況…122
- 資料 *8-①*　指定紛争解決機関の「利用者利便性向上に向けたアンケート」の実施状況…124
- 資料 *8-②*　全国銀行協会：アンケート結果…126
- 資料 *8-③*　証券・金融商品あっせん相談センター：アンケートの回収状況…127
- 資料 *9-①*　指定紛争解決機関の紛争解決手続実施状況（平成22年10月1日〜23年9月30日）…128
- 資料 *9-②*　指定紛争解決機関の紛争解決手続実施状況（平成24年4月1日〜24年9月30日）…129
- 資料 *10*　業界団体における相談・苦情・紛争の件数…130
- 資料 *11*　弁護士会ADR（東京三弁護士会）における個別金融機関用協定書ひな形…132
- 資料 *12*　弁護士会ADR（東京三弁護士会）における金融機関団体用協定書ひな形…136
- 資料 *13*　弁護士会ADR（東京三弁護士会）における金融機関団体加盟の個別金融機関用受諾書…140
- 資料 *14*　弁護士会金融ADR紛争解決事例…141

資料 1 全国銀行協会：あっせん申立書（顧客用）

平成　年　月　日

あっせん申立書

一般社団法人全国銀行協会
　　　あっせん委員会　殿

ふりがな
申立人の氏名＿＿＿＿＿＿＿＿＿＿＿印
郵便番号 〒＿＿＿＿＿＿＿＿＿＿＿
住所＿＿＿＿＿＿＿＿＿＿＿
電話＿＿＿＿＿＿＿＿＿＿＿
FAX＿＿＿＿＿＿＿＿＿＿＿
E-mail＿＿＿＿＿＿＿＿＿＿＿

（法人にあっては、その事務所の所在地
および名称ならびに代表者の氏名）

　下記の紛争についてあっせんをお願いいたします。
　なお、このあっせんをお願いするに当っては、全国銀行協会の「苦情処理手続および紛争解決手続等の実施に関する業務規程」等に従い、誠実に紛争の解決に努力いたします。
　また、相手方の答弁書・主張書面の写し、それらの書類に添付された資料・証拠書類等のほか、あっせん案や和解契約書などあっせん手続において入手した情報を、法令の規定に基づく場合その他正当な理由がある場合を除き、あっせん手続に関係する者以外の者に対し開示または公表いたしません。

記

1. 紛争の相手方
　(1)　相手方銀行名
　　　（紛争が発生した営業店名）
　　　（担当者名）
　(2)　相手方銀行代理業者名
　　　（紛争が発生した営業所名又は事業所名）
　　　（担当者名）

2. 申立ての趣旨
3. 紛争の要点
   (1) 紛争の原因となった事実関係
   (2) 相手方銀行との交渉経過
   (3) 事実関係についての私（または当社）と相手方銀行との主張の対立点
4. 資料・証拠書類
5. 送達の場所(注)

■個人情報等の取扱に関する同意について

(1) 相手方銀行（紛争の相手方に銀行代理業者が含まれる場合は、当該銀行代理業者を含む。以下同じ）が、あっせん委員会（あっせん委員会事務局を含む。以下同じ）に対し、相手方銀行の有する私（または当社）に関する資料・証拠書類等の情報を提出し、あっせん委員会が、あっせん手続のために、これらを利用すること。
(2) あっせん委員会が、あっせん手続において必要な場合に、その指定した参考人等に対し、相手方銀行またはあっせん委員会の有する私（または当社）に関する資料・証拠書類等の情報を提供し、参考人等が、あっせん委員会からの照会への回答等のために、これらを利用すること。
(3) あっせん委員会が、私（または当社）があっせん委員会に対して提出した資料・証拠書類等の情報を相手方銀行に交付し、相手方銀行が、答弁書や主張書面等あっせん委員会に提出する書面を作成するために、これらを利用すること。
(4) 全国銀行協会が、関係者のプライバシーに配慮したうえで、あっせん事案の概要等を加入銀行へ通知すること、また公表すること。

※なお、あっせん委員会および相手方銀行は、特定の個人情報の利用目的が法令等にもとづき限定されている場合には、当該利用目的以外では利用しません。

私（または当社）は、このあっせんをお願いするに当り、上記の内容について予め同意します。

　　　　　　　　　　　　　　　　　　　　　　　　　平成　　年　　月　　日
　　　　　　　　　　　　　　　　申立人の氏名＿＿＿＿＿＿＿＿＿＿＿＿印

(注) あっせんに関する書類の送達場所を住所以外とする場合、送達の場所を記載する。

【記載上の注意】

> ◎　あっせん委員会は、お客さまの申立てについて、「あっせん申立書」に記載された内容にもとづいて適格性の審査を行います。記載に当っては、次の1.～3.の事項に注意してください。

1. 「申立ての趣旨」について
　　お客さまがどのような解決を求めているのかを、<u>具体的かつ明瞭に記載してください</u>。また、そのような解決を求める<u>理由や根拠等も併せて記載してください</u>。
　　（例：相手方銀行（紛争の相手方に銀行代理業者が含まれる場合は、当該銀行代理業者を含む。以下同じ。）に損害金の補てんを求める場合には、その金額と算定根拠を明示する。）

2. 「紛争の要点」について
　(1)　<u>「紛争の原因となった事実関係」</u>は、相手方銀行との間でトラブルとなった事案の発生から、現在に至るまでの<u>経過を時系列に沿って記載してください</u>。
　(2)　<u>「相手方銀行との交渉経過」</u>は、相手方銀行への苦情の申し出から、現在に至るまでの<u>相手方銀行とのやりとりを時系列に沿って記載してください</u>。
　(3)　<u>「事実関係についての私（または当社）と相手方銀行との主張の対立点」</u>は、お客さまと相手方銀行との間でお互いの主張がどのように食い違っているのか、<u>争点ごとに整理して記載してください</u>。

3. 「資料・証拠書類」について
　(1)　お客さまの申立ての趣旨の裏付けとなる<u>資料や証拠書類</u>（相手方銀行との契約書、銀行から交付された説明書、預金証書等）は、申立て内容との関連が薄いものを除き、<u>できる限り提出してください</u>。
　(2)　資料や証拠書類は、原本または写しのどちらでも差し支えありませんが、誰がいつ作成したものであるかを明確にしてください。

4. その他ご留意いただきたいこと
　(1)　「あっせん申立書」とともに、お客さまの<u>本人確認書類</u>として次の書類を提出してください。
　　①　個人のお客さまの場合
　　　　運転免許証やパスポートなど「犯罪による収益の移転防止に関する法律施行規則」第4条に定める本人確認書類（提出時に、有効なものまたは発行日から6か月以内のもの）の原本またはその写し

② 法人のお客さまの場合
　　現在事項全部証明書または履歴事項全部証明書（発行日から 6 か月以内のもの）
(2)　あっせん委員会は、「あっせん申立書」の記載内容の趣旨について詳しい説明を求め、資料・証拠書類の追加提出を依頼することがあります。予めご了承ください。

資料2　全国銀行協会：答弁書

平成　　年　　月　　日

答　弁　書

一般社団法人全国銀行協会
　　あっせん委員会　殿

　　　　　　　　　　　　　　　　銀行名＿＿＿＿＿＿＿＿＿＿＿＿＿＿
　　　　　　　　　　　　　　　　代表者名＿＿＿＿＿＿＿＿＿＿＿㊞

　平成　　年　　月　　日付で＿＿＿＿＿＿殿が行った当行を相手方とする紛争のあっせん申立てに対し、「苦情処理手続および紛争解決手続等の実施に関する業務規程」第24条第3項の規定により下記のとおり答弁いたします。
　なお、申立人の申立書・主張書面の写し、それらの書類に添付された資料・証拠書類等のほか、あっせん案や和解契約書などあっせん手続において入手した情報を、法令の規定に基づく場合その他正当な理由がある場合を除き、あっせん手続に関係する者以外の者に対し開示または公表いたしません。

記

1. 申立ての趣旨に対する答弁
2. 紛争の要点に対する答弁等
3. 資料・証拠書類
4. 本件の担当窓口
　（1）　担当部署名
　（2）　担当者名
　（3）　担当部署の郵便番号　〒
　（4）　担当部署の住所
　（5）　電話
　（6）　FAX
　（7）　E-mail

【記載上の注意】

> ◎ あっせん委員会は、あっせんの申立てについて、申立人（顧客）の申立書と相手方（貴行）の「答弁書」に記載された内容にもとづいて適格性の審査を行います。記載に当っては、次の1.～3.の事項に注意してください。

1. 「申立ての趣旨に対する答弁」について
   顧客のあっせん申立書の「申立ての趣旨」に対する答弁と、本件紛争の解決のための貴行の提案がある場合には、その内容を簡潔に記載する。
2. 「紛争の要点に対する答弁等」について
   顧客のあっせん申立書の「紛争の要点」に関する事実について、個別に認否をしたうえ、トラブルの発生経緯や顧客とのやりとり等を時系列に沿ってできる限り具体的に記載することにより、貴行が理解する本件紛争の全体像を明らかにする。
3. 「資料・証拠書類」について
   (1) 貴行の答弁等の裏付けとなる資料や証拠書類を、できる限り提出する。
   (2) 資料や証拠書類は、原本または写しのどちらでも差し支えないが、誰がいつ作成したものであるかを明確にする。
4. その他の留意事項
   あっせん委員会は、「答弁書」の記載内容の趣旨について詳しい説明を求め、資料・証拠書類の追加提出を依頼することがあります。予めご了承ください。

資料3 全国銀行協会：主張書面（顧客用）

平成　　年　　月　　日

主　張　書　面

一般社団法人全国銀行協会
　　あっせん委員会　殿

ふりがな
申立人の氏名　_____㊞
郵便番号　〒_____
住所　_____
電話　_____
FAX　_____
E-mail　_____
（法人にあっては、その事務所の所在地
および名称ならびに代表者の氏名）

　平成　　年　　月　　日付で私（または当社）が行った_____銀行を相手方とする紛争のあっせん申立てに関し、「苦情処理手続および紛争解決手続等の実施に関する業務規程」第25条第5項の規定により下記のとおり主張いたします。

記

1. 主張内容

2. 資料・証拠書類

資料4 全国銀行協会：申立書別紙（記載例）

平成　　年度（あ）第　　号　[この番号は事務局が記入します]
申立人の名称　株式会社●●　代表取締役　●●
相手方銀行名　株式会社●●銀行

解決に向け、事実の確認が必要となりますので、できる限りご記入をお願いします。
また、ご記入方法でわからないことがありましたら、お気軽にあっせん委員会事務局
(050-3532-9505)までお問い合わせください。

申　立　書　別　紙　（記　載　例）

1. 本件紛争の対象の為替デリバティブ取引と申立の内容

本件紛争の対象契約	締結年月日（古い順に）	本件申立の内容
本件契約1	平成　　年　　月　　日	本件契約に対する申立人が主張されたいことを記載してください。 例：中途解約清算金および、未払金の支払い義務が無いことについて確認を求める。 中途解約清算金および未払金は、半額まで負担するが、それ以上の支払いは行わない。 既払分の●●円のうち相当額の返還を求める。　等
本件契約2	平成　　年　　月　　日	
本件契約3	平成　　年　　月　　日	

（注1）本件対象契約について、締結年月日の古い順に記入してください。
（注2）記入欄が足りない場合は、適宜、記入欄を増やすか、別の用紙に記入のうえ、ご提出ください（以下同じ）。

2. 本件紛争の対象の為替デリバティブ取引の契約締結までの経緯

本件紛争の対象契約	契約までの経緯（相手方銀行担当者からの説明等も含む）
本件契約1（注）	各契約の購入経緯に応じて、問題と感じる銀行の対応（※1）および契約締結を決意した理由（※2）を事実について記入ください。 ※1 相場変動の説明について、不足等や疑問を覚えたこと、商品内容やリスクの説明に関し問題と感じたこと、他の銀行取引を条件にした（貸出をするにあたってデリバティブの購入を求められた等）経緯等があるなど。 ※2 融資の円滑化や金利の低減に有利であると考えて契約した、絶対に損をすることはないという話を信じて契約した、など。
本件契約2	
本件契約3	

（注）「1．本件紛争の対象の為替デリバティブ取引と申立の内容」の「本件契約1」について記入してください（以下同じ）。

3. 本件以外の為替デリバティブ取引の経緯

相手銀行名	為替デリバティブの種類または商品名	取引金額（年間受取額）	契約締結年月	契約期間
株式会社●●銀行	レシオ型通貨オプション（1：2）	●●●●（通貨 米ドル）	平成　　年　　月	年
株式会社▲▲銀行	クーポンスワップ	●●●●（通貨 ユーロ）	平成　　年　　月	年
		（通貨　　　）	平成　　年　　月	年

（注）本件対象取引以外の為替デリバティブ取引について、契約締結7分前や本件紛争の相手方以外の銀行との取引分も含めて、記入してください。

115

4. 会社の商流等

(1) 主な事業の概要と為替リスクの状況について（本件契約当時の状況を中心に）

当社が取り扱っている●●は、ほとんどが中国からの輸入製品である。国内商社を経由して当社委託先の物流倉庫に保管する。国内商社との取引は、円建てでは仕入価格を決定し、決済は入荷月末締めで国内商社に支払っている。一部は、中国現地の工場に直接発注することもあり、その場合は当社直接L/Cを銀行に依頼し発行依頼してドル建てで決済する。

（注）具体的な商流図（自取引の流れ）を別途ご作成ください（手書きでも差し支えありません）。商流の中で、実際の取引通貨・取引額を明記してください。

(2) 主な販売商品の仕入先から販売先までの商流（本件契約当時の状況を中心に）

仕入品	主な仕入先（企業名）	国名（取引通貨・取引額）	販売商品	主な販売先（企業名）	国名（取引通貨・取引額）
木材	株式会社●●	日本（●●●●千円）	建売住宅	株式会社●●不動産	日本（●●●●千円）
野菜	株式会社●●	日本（●●●●千円）	食料品	株式会社●●商事	日本（●●●●千円）
衣服	●● Co	アメリカ（●●●●千米ドル）	ダイヤ	●● Co	オーストラリア（●●●●千豪ドル）

(3) 仕入額の内訳等

仕入総額		平成 ●●年●月期	平成 年 月期	平成 年 月期	平成 年 月期	平成 年 月期
仕入総額		●●●●●千円	円	円	円	円
うち、輸入額	外貨建	●●●千米ドル				
	円建	●●●●千円	円	円	円	円
うち、商社等を通じた間接的な海外からの仕入総額		●●●●千円	円	円	円	円

（注1）本件契約1（本件契約のうち最も古いもの）の契約締結年の前年度から直近まで記入してください。
（注2）外貨建の場合は、通貨単位を記入してください。
（注3）御社がどの程度為替相場変動リスクを負っているかを算出しているかを事業機関においてヒアリングさせていただきますので、あらかじめ事実関係をご把握いただいたうえで事情聴取にご出席ください。（御社が円貨建で支払っている場合であっても、例えば、単価が外貨建で固定されている場合は為替相場変動リスクを負っていると考えられます）。

5. 添付資料

資料の種類	要否	内容
本件契約書	必須	本件各契約の契約書
その他本件契約関係書類	できる限り	リスクに関する確認書、提案書、説明資料等、相手方銀行から本件契約に関連して交付を受けた資料がある場合
損益計算書・貸借対照表	必須	本件契約1（本件契約のうち最も古いもの）の契約締結年度の前年度から直近までの損益計算書と貸借対照表
その他参考資料	必要に応じて	以上のほかに、申立内容に関する資料や商流の裏づけとなる書類（契約書、請求書等）、または補強材料となる資料がある場合

以 上

【具体的な商流図】

※手書きでかまいませんので、お取引の流れをご記載ください。商流の中で、実際の取引通貨を明記してください。

[仕入品]
- 木材
- 野菜
- 衣服

[仕入先(国名)]
- ○○商事 (日本)
- 株式会社●● (日本)
- ●● Co. (アメリカ)

●●●●千円 (取引通貨:円)
●●●●千円 (取引通貨:円)
●●●●千米ドル (取引通貨:米ドル)

→ 当社 →

[販売商品]
- 建築住宅
- 食料品
- ダイヤ

●●●●千円 (取引通貨:円)
●●●●千円 (取引通貨:円)
●●●●千豪ドル (取引通貨:豪ドル)

[主な販売先(国名)]
- 株式会社○○不動産 (日本)
- 株式会社○○商事 (日本)
- ●● Co. (オーストラリア)

117

資料5-① そんぽADRセンターによる紛争解決手続の流れのイメージ①（一般紛争・顧客の申立て）

契約者・被保険者⇔保険会社：保険金支払等に関する紛争

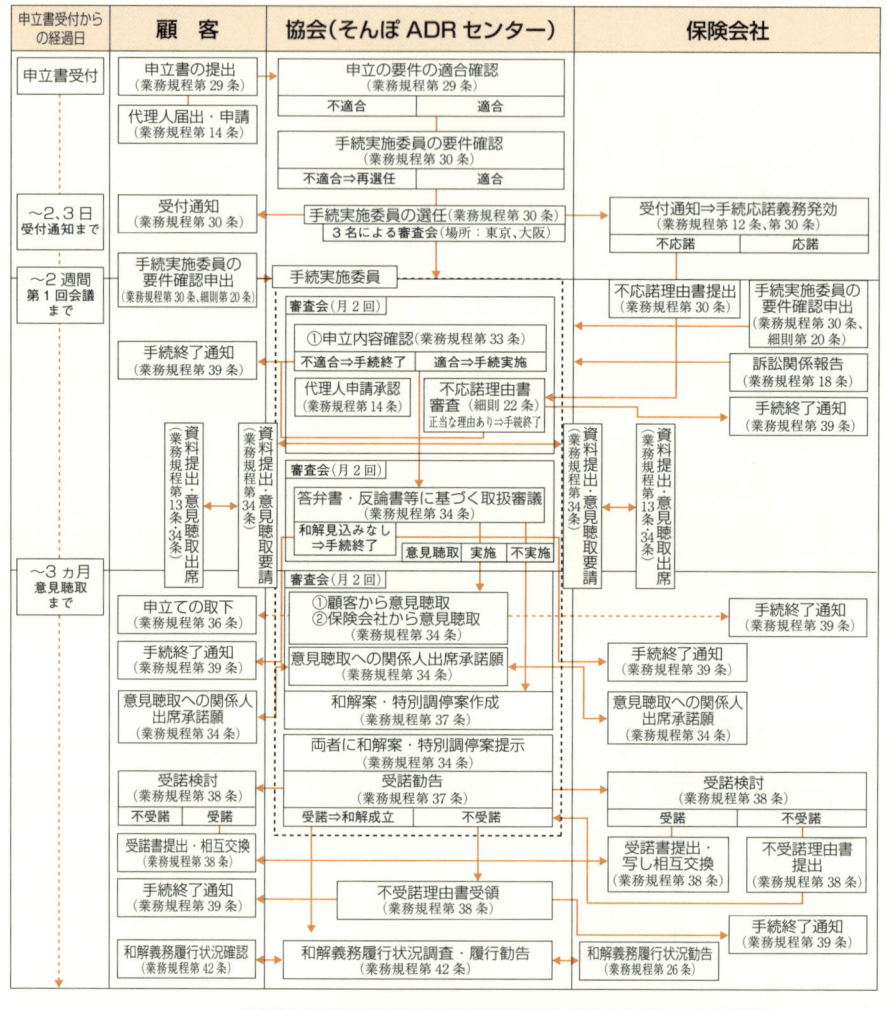

申立書受付からの経過日	顧客	協会（そんぽADRセンター）	保険会社
申立書受付	申立書の提出（業務規程第29条）／代理人届出・申請（業務規程第14条）	申立の要件の適合確認（業務規程第29条）　不適合／適合　手続実施委員の要件確認（業務規程第30条）　不適合⇒再選任／適合	
～2、3日 受付通知まで	受付通知（業務規程第30条）	手続実施委員の選任（業務規程第30条）　3名による審査会（場所：東京、大阪）	受付通知⇒手続応諾義務発効（業務規程第12条、第30条）　不応諾／応諾
～2週間 第1回会議まで	手続実施委員の要件確認申出（業務規程第30条、細則第20条）／手続終了通知（業務規程第39条）	手続実施委員　審査会（月2回）　①申立内容確認（業務規程第33条）　不適合⇒手続終了／適合⇒手続実施　代理人申請承認（業務規程第14条）　不応諾理由書審査（細則第22条）　正当な理由あり⇒手続終了	不応諾理由書（業務規程第30条）／手続実施委員の要件確認申出（業務規程第30条、細則第20条）／訴訟関係報告（業務規程第18条）／手続終了通知（業務規程第39条）
～3ヵ月 意見聴取まで	資料提出（業務規程第13条）・意見聴取出席（業務規程第34条）／申立ての取下（業務規程第36条）／手続終了通知（業務規程第39条）／意見聴取への関係人出席承諾願（業務規程第34条）／受諾検討（業務規程第38条）　不受諾／受諾／受諾書提出・相互交換（業務規程第38条）／手続終了通知（業務規程第39条）／和解義務履行状況確認（業務規程第42条）	資料提出（業務規程第34条）・意見聴取要請　審査会（月2回）　答弁書・反論書等に基づく取扱審議（業務規程第34条）　和解見込みなし⇒手続終了　意見聴取　実施／不実施　審査会（月2回）　①顧客から意見聴取　②保険会社から意見聴取（業務規程第34条）　意見聴取への関係人出席承諾願（業務規程第34条）　和解案・特別調停案作成（業務規程第37条）　両者に和解案・特別調停案提示（業務規程第34条）　受諾勧告（業務規程第37条）　受諾⇒和解成立／不受諾　不受諾理由書受領（業務規程第38条）　和解義務履行状況調査・履行勧告（業務規程第42条）	資料提出（業務規程第13条）・意見聴取出席（業務規程第34条）／手続終了通知（業務規程第39条）／意見聴取への関係人出席承諾願（業務規程第34条）／手続終了通知（業務規程第39条）／受諾検討（業務規程第38条）　受諾／不受諾／受諾書提出・写し相互交換（業務規程第38条）／不受諾理由書提出（業務規程第38条）／手続終了通知（業務規程第39条）／和解義務履行状況勧告（業務規程第26条）

■保険会社からの紛争解決手続の申立ての場合、保険会社は以下の対応が必要
※交通事故等の被害者⇔保険会社：損害賠償に関する紛争の場合も同様

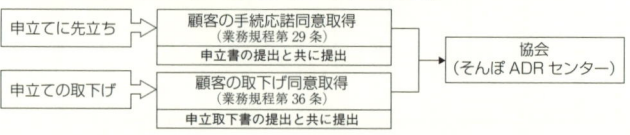

- 申立てに先立ち：顧客の手続応諾同意取得（業務規程第29条）　申立書の提出と共に提出
- 申立ての取下げ：顧客の取下げ同意取得（業務規程第36条）　申立取下書の提出と共に提出

→ 協会（そんぽADRセンター）

資料5-② そんぽADRセンターによる紛争解決手続の流れのイメージ②（交通賠責・顧客の申立て）

交通事故等の被害者⇔保険会社・損害賠償に関する紛争（自賠除く）

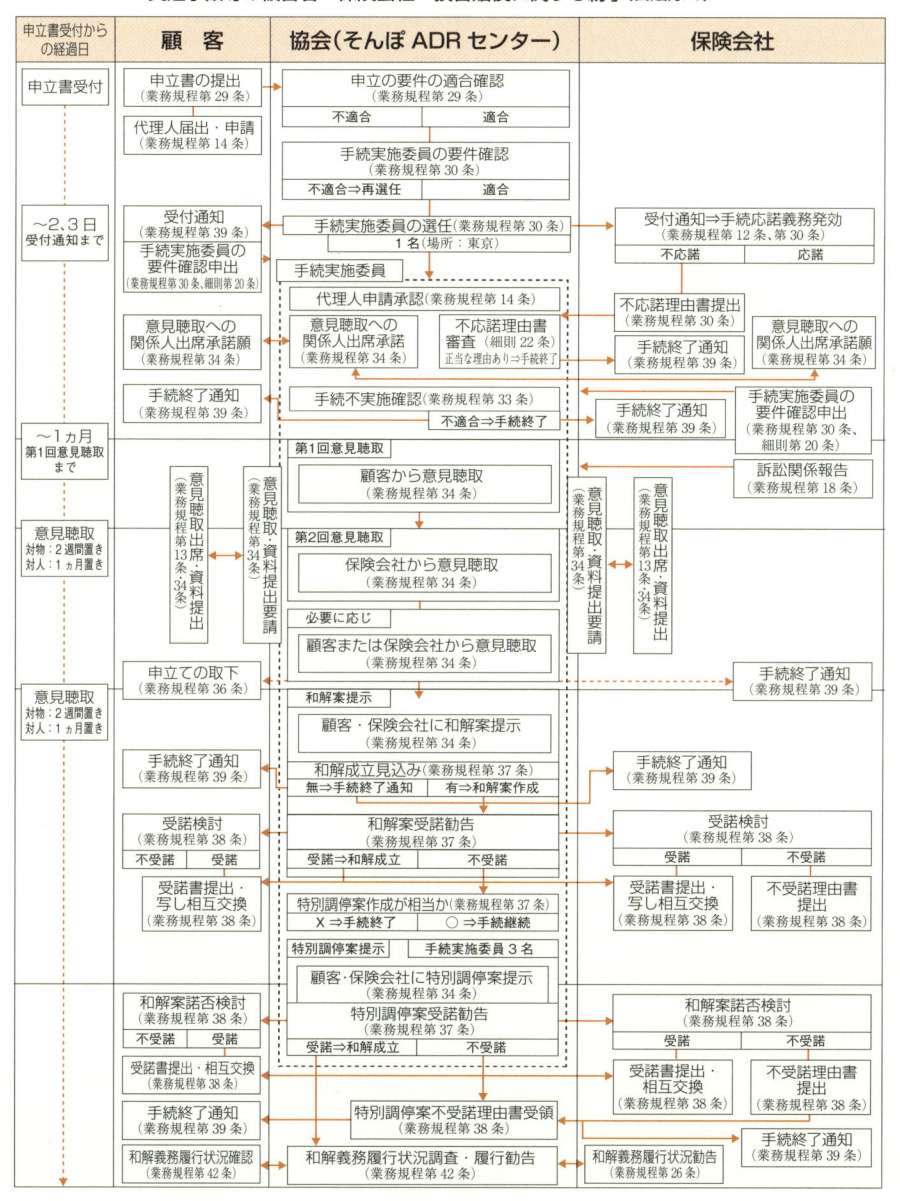

申立書受付からの経過日	顧 客	協会（そんぽADRセンター）	保険会社
申立書受付	申立書の提出（業務規程第29条） 代理人届出・申請（業務規程第14条）	申立の要件の適合確認（業務規程第29条） 不適合／適合 手続実施委員の要件確認（業務規程第30条） 不適合⇒再選任／適合	
～2,3日 受付通知まで	受付通知（業務規程第39条） 手続実施委員の要件確認申出（業務規程第30条、細則第20条） 意見聴取への関係人出席承諾願（業務規程第34条） 手続終了通知（業務規程第39条）	手続実施委員の選任（業務規程第30条）1名（場所：東京） 代理人申請承認（業務規程第14条） 意見聴取への関係人出席承諾（業務規程第34条） 不応諾理由書審査（細則第22条）正当な理由あり⇒手続終了 手続不実施確認（業務規程第33条） 不適合⇒手続終了	受付通知⇒手続応諾義務発効（業務規程第12条、第30条） 不応諾／応諾 不応諾理由書提出（業務規程第30条） 手続終了通知（業務規程第39条） 意見聴取への関係人出席承諾願（業務規程第34条） 手続実施委員の要件確認申出（業務規程第30条、細則第20条）
～1ヵ月 第1回意見聴取まで	（意見聴取出席、資料提出）（業務規程第13条、第34条） （意見聴取・資料提出要請）（業務規程第34条）	第1回意見聴取 顧客から意見聴取（業務規程第34条） 第2回意見聴取 保険会社から意見聴取（業務規程第34条） 必要に応じ 顧客または保険会社から意見聴取（業務規程第34条）	訴訟関係報告（業務規程第18条） （意見聴取出席・資料提出）（業務規程第13条、第34条） （意見聴取・資料提出要請）（業務規程第34条）
意見聴取 対物：2週間置き 対人：1ヵ月置き	申立ての取下（業務規程第36条） 手続終了通知（業務規程第39条） 受諾検討（業務規程第38条） 不受諾／受諾 受諾書提出・写し相互交換（業務規程第38条）	和解案提示 顧客・保険会社に和解案提示（業務規程第34条） 和解成立見込み（業務規程第37条） 無⇒手続終了通知／有⇒和解案作成 和解案受諾勧告（業務規程第37条） 受諾⇒和解成立／不受諾 特別調停案作成が相当か（業務規程第37条） ×⇒手続終了／○⇒手続継続	手続終了通知（業務規程第39条） 手続終了通知（業務規程第39条） 受諾検討（業務規程第38条） 受諾／不受諾 受諾書提出・写し相互交換（業務規程第38条） 不受諾理由書提出（業務規程第38条）
意見聴取 対物：2週間置き 対人：1ヵ月置き	和解案諾否検討（業務規程第38条） 不受諾／受諾 受諾書提出、相互交換（業務規程第38条） 手続終了通知（業務規程第39条） 和解義務履行状況確認（業務規程第42条）	特別調停案提示　手続実施委員3名 顧客・保険会社に特別調停案提示（業務規程第34条） 特別調停案受諾勧告（業務規程第37条） 受諾⇒和解成立／不受諾 特別調停案不受諾理由書受領（業務規程第38条） 和解義務履行状況調査・履行勧告（業務規程第42条）	和解案諾否検討（業務規程第38条） 受諾／不受諾 受諾書提出・相互交換（業務規程第38条） 不受諾理由書提出（業務規程第38条） 手続終了通知（業務規程第39条） 和解義務履行状況勧告（業務規程第26条）

資料6 各金融ADR機関（指定紛争解決機関）の業務実施状況（平成23年度）

報告項目		指定機関名	全国銀行協会	信託協会	生命保険協会	日本損害保険協会
受付件数の状況	苦情処理手続	受付件数	2,256件	10件	523件	2,376件
		22年度比	91%増	233%増	14%増	27%増
	紛争解決手続	受付件数	1,086件	2件	260件	360件
		22年度比	237%増	33%減	51%増	133%増
	増減要因		●苦情・紛争ともに、①円高等に伴いデリバティブ等のリスク商品に関する案件が増加したこと、②協会や銀行が行う周知活動等により全銀協相談室の認知度が向上したことなどにより、件数が大幅に増加。	●苦情・紛争ともに件数が少ないことから、特段の増減要因は見出せない。	●苦情は、マスコミ報道や各保険会社の周知活動等により金融ADRの認知度が向上したことなどにより、件数が増加。●紛争は、①各生命保険会社が行う周知活動等により、裁定審査会の認知度が向上したこと、②苦情処理手続から紛争解決手続への移行が進んできたことなどにより、件数が増加。	●苦情は、①各損害保険会社が行う周知活動等により金融ADRの認知度が向上したこと、②協会の受付体制を強化したこと、③東日本大震災の影響などにより、件数が増加。●紛争は、①苦情と同様の要因に加え、②22年10月以降は、新たに「交通事故賠償事案」を取扱うようになったことにより、件数が大幅に増加。
苦情の事例・傾向	主な苦情事例		●銀行で変額個人年金保険を契約した。その際、満期時まで待てば元本が保証されるとの説明を受けたが、実際には満期時に一括で受け取ろうとすると元本割れが生じることが分かった。銀行の間違った説明により損失を被ることになるため、契約金額をそのまま返戻して欲しい。	●主人が自己の入院費用を支払うための特約付き金銭信託を契約したが、信託銀行は病院からの請求については金銭を支払うが、介護費用については支払ってくれない。	●糖尿病で90日間入院したため、給付金を請求したが、18日分しか支払われなかった。給付金の支払限度は60日であることから、残りの42日分を支払って欲しい。	●事故に関する対応経過等の報告が不十分であったので、保険会社に説明を求めたが、特段の謝罪もなく納得がいかない。顧客対応をもっと真摯に行って欲しい。
	苦情の傾向		●為替デリバティブ、投資信託等のリスク商品に関するものが最も多く、次いで預金・貸出業務に関するものが多い。	●事務ミスや説明不足に関するものが多い。	●新契約時の説明不足や保険金・給付金の支払いに関するものが多い。	●自動車保険の保険金支払いに関するものが多い。
紛争の事例・傾向	主な紛争事例		●為替リスクのヘッジニーズがほとんどなく、また十分な説明もないままに契約させられた為替デリバティブ契約の中途解約及び解約精算金の一部負担を求める。	●金銭信託以外の金銭の信託（指定運用）の解約を依頼したが、当該信託の運用対象の一部について、リーマンショックの影響で解約手続が進まなかった。信託銀行が約束した期限までに解約を実行しなかったので、それ以後の信託報酬の支払いを中止して欲しい。	●元本保証であることを何度も確認し、ドル建て個人年金保険を契約したが、実際には為替レートの変動により満期時の受取額が元本を下回った。加入時に虚偽の説明があったので、契約を取消して既払込保険料を返して欲しい。	●被保険者が交通事故により死亡し、その法定相続人から委任状をもらっているにもかかわらず、正当な受取人であることを確認できないとして保険金を支払ってもらえない。速やかに保険金を支払って欲しい。
	紛争の傾向		●為替デリバティブ契約に関するものが多い。	●案件が少ないため、特段の傾向は見出せない。	●説明不足等による契約取消・契約無効請求に関するもの、保険金・給付金の支払いに関するものが多い。	●自動車保険の保険金支払いに関するものが多い。

(注1) 各金融ADR機関からの報告に基づき金融庁で作成。
(注2) 各金融ADR機関は、平成22年10月1日から指定紛争解決機関として業務を開始
　　　（証券・金融商品あっせん相談センターは、平成23年4月1日から）。
(注3) 計数は速報値。

保険オンブズマン	日本少額短期保険協会	証券・金融商品あっせん相談センター	日本貸金業協会	【全体の状況】
423件	123件	1,134件	247件	7,092件
5%増	68%増	7%増	29%減	32%増
15件	5件	246件	7件	1,981件
400%増	66%増	40%増	40%増	137%増
●苦情は、大きな増減はない。 ●紛争は、22年10月以降、新たに取扱いを開始したことなどから、件数が大幅に増加。	●苦情は、協会や事業者が行う周知活動等により金融ADRの認知度が向上したことなどにより、件数が増加。 ●紛争は、22年10月以降、新たに取扱いを開始したことなどから、件数が増加。	●苦情は、大きな増減はない。 ●紛争は、昨年夏以降の欧州債務危機問題の深刻化等により株式相場が悪化していることなどを要因に件数が増加。	●苦情は、①貸金業者や貸付件数が減少したこと、②貸金業者のコンプライアンス態勢の整備が進んだことなどにより、件数が減少。 ●紛争は、22年10月以降、新たに取扱いを開始したことなどから、件数が増加。	●苦情・紛争ともに、①指定機関や金融機関等による周知活動等により金融ADRの認知度が向上したこと、②円高等に伴いデリバティブ等のリスク商品に関する事案が増加したことなどにより、件数が大きく増加。
●インターネットにより自動車保険契約更改を行う際に、事故有契約として申告したが、その上で他社より保険料が安かったので当社と契約した。ところが、後刻この契約は事故無として契約されているので、追徴保険料を支払うように言われたが、納得できない。	●ペット保険の新規契約をする際、保険始期は他社既存契約の満期日の翌日からと確認していたが、その保険始期が旧契約の満期前となっていた。このため保険始期の訂正を依頼したが応じてくれない。	●証券会社の執拗な勧誘に根負けして乗り換えた投資信託の基準価格が下落し、投資元本が大きく欠損してしまった。商品性やリスクについて十分な説明をせず、また、顧客のニーズを踏まえずに乗り換え勧誘を行ったことに納得がいかない。	●借入契約の際に郵便物を自宅に送付しないとの条件を付けた。ところが業者は書類を自宅に送付してしまい、母親に自分の借入を知られてしまった。これが原因となり、母親に叱責された結果、自宅に戻れず、返済も滞り、ホテル代も嵩んでしまった。したがって延滞金免除などの誠意ある対応を求める。	
●自動車保険の保険金支払いに関するものが多い。	●家財保険の保険金支払いに関するものが多い。	●顧客勧誘時の説明不足や株式等の売買取引に関するものが多い。	●借入契約の内容や取立行為に関するものが多い。	●円高や株式相場の悪化等の影響により、リスク商品に関する苦情が増加傾向。
●運転者が脳梗塞を起こした結果、前方停車中の車両に追突した事故に際し、民法713条（責任能力）の適用の可否を巡り調査が長期化し、事故日から2ヶ月経過しても有責・無責の決定がされないことから、紛争を申し立てる。	●ペットが保険加入後30日以内に3回の入院治療を受けたことから保険金を請求したが、保険事業者は、本契約は加入後30日以内の入院治療については1回のみを補償する内容であるとして、1回の治療費しか支払ってくれなかった。保険加入時にはそのような説明はなかったので全ての支払いを求める。	●私募債を購入する際、証券会社は、発行会社が事業を引き継いだ会社に対して貸付と債務引受けを行っている事実を説明しなかった。また、顧客の未回収のおそれがあることを説明されていれば購入しなかったことから、損失を補償して欲しい。	●貸金業者へ過払金返還請求を行ったが、業者からの返済提示額が自分の要求額と大きく乖離していた。これ以上業者と交渉を続けても埒が明かないので、協会のあっせんにより解決を図りたい。	
●自動車保険の保険金支払いに関するものが多い。	●案件が少ないため、特段の傾向は見出せない。	●適合性原則や説明義務に関するものが多い。	●契約内容の解釈に関するものが多い。	●円高や株式相場の悪化等の影響により、リスク商品に関する紛争が増加傾向。 ●特に全銀協において、為替デリバティブ取引に関する紛争事案が大幅に増加。

資料7 指定紛争解決機関の利用者利便性向上に向けた取組状況

金融ADR機関 取組み項目	全国銀行協会	信託協会	生命保険協会
「利用者利便性向上に向けた利用者アンケート」等に係る取組状況（注）	●平成23年10月から『苦情対応・紛争解決手続改善のためのアンケート』を実施中。 ●実施目的は、手続の改善であることから結果は非公表。 ●実施対象は、紛争事案において「和解」に至った事案における当事者双方。 ●実施内容は、全銀協相談室を知ったきっかけ、相談員の対応、申立書等の記載の負担感、あっせん委員の対応、所要期間、一連の手続に関する満足度等。	●平成23年10月から『苦情対応・紛争解決手続に関するアンケート』を実施中。 ●実施目的は、手続の改善であることから結果は非公表。 ●実施対象は、紛争事案において「和解」に至った事案における当事者双方。 ●実施内容は、信託相談所を知ったきっかけ、HPの内容、相談員及びあっせん委員の対応、所要期間等。	●遅くとも平成24年4月までにアンケートを実施中。 ●実施目的は、手続の改善及び裁定審査会の周知施策等の参考のため。 ●実施対象は、紛争事案において「和解」に至った事案における申立人から着手することを検討中。（保険会社については、既に年2回各社との研修会において実施中。） ●実施内容は、手続面に関する設問を中心とすることを検討中。
遠隔地利用者への対応状況〔紛争事案〕	●全国51ヵ所の各地銀行協会で事情聴取が行える「電話会議システム」を導入済。 ●「対面」及び「テレビ会議システム」による事情聴取については、大阪・名古屋・札幌・仙台・福岡の5都市において実施。（今後、金沢・広島・高松に拡充予定。）	●利用者の自宅で事情聴取が行える「電話会議システム」を導入済。 ●利用者が「対面」での事情聴取を望む場合の旅費は、原則自己負担としつつ、利用者の状況によっては協会が旅費を支給する規程を整備中。	●全国53ヵ所の地方連絡所で事情聴取が行える「テレビ会議システム」を導入済。
高齢者や判断能力が衰えている利用者への対応状況	●本人が申立書を書けなくても、本人が読んで説明できるのであれば、家族や友人による代筆を認めている。	●本人の意思が確認できれば、家族等が代理で申立書を記載することも可能。また、代理人となり得る者がいる場合は、本人の意向を確認した上で代理人を立てることを勧めている。 ●職員が必要に応じて記載のアドバイスや記載内容の確認を行った上で、あっせん委員に対し補足説明を行う等の対応を行っている。	●苦情については、本人の意向を確認した上で、家族からの申立てを受付けている。 ●紛争については、申立代理人を所定の範囲内（法定代理人、弁護士、配偶者等）で裁定審査会の判断により認めている。
その他の取組状況	●あっせん申立件数が高水準で推移しているため、2月に「デリバティブ専門小委員会」を立上げ、4月からは通常のあっせん小委員会も2つ増設するなど、順次紛争処理体制の強化を図っている。 ●紛争の多くが「為替デリバティブ事案」であることを踏まえ、申立手続簡素化等の観点から、当該事案に係る定型的な申立書や記載例を申立人に交付している。 ●また、申立ての適格性について、予見可能性を高める観点から、申立希望者に郵送等している書類に、これまで適格性審査で不受理となった事例等を10月から追記している。	●当機関の認知度を向上させるため、ポスターやリーフレットを作成し、傘下金融機関に配布等している。 ●信託相談所へのフリーダイヤルを設けている。	●全国の消費生活センター等との意見交換会を定期的に行い、金融ADRの手続きや受付状況等について消費生活相談員等に説明し、金融ADRの理解促進や周知に努めている。また、意見交換会での意見等は、集約・分析のうえ保険会社にフィードバックを行い、各社業務改善の一助としている。 ●4月から、裁定審査会に委員を補佐する事務局弁護士を配置し、審理の効率化・迅速化を図っている（10月からすべての審査会に配置済み）。

※ 本資料は、各金融ADR機関からの報告に基づき、金融庁で作成。〔平成23年11月30日時点〕
（注）全国銀行協会、信託協会および証券・金融商品あっせん相談センターが実施しているアンケートの様式については、資料8を参照のこと。

日本損害保険協会	保険オンブズマン	日本少額短期保険協会	証券・金融商品あっせん相談センター	日本貸金業協会
●来春までに（アンケートの準備が整い次第）実施する方向で検討中。 ●実施目的は、手続の改善及び効果的な周知方法のための参考。 ●実施対象は、紛争事案において「和解」に至った事案における申立人から着手するが、運用状況を踏まえつつ範囲の拡大について検討。 ●実施内容は、手続面に関する設問を中心とすることを検討中。	●他機関の実施状況等を踏まえ、有効な調査が行えるようであれば実施する。	●来春までに実施する方向で検討中。 ●実施目的は、裁定委員会の運営等の参考。 ●実施対象は、紛争事案における申立人を検討中。 ●実施内容は、他の機関との情報交換を進めた上で検討。	●平成23年9月から『ご利用者アンケート』を実施中。 ●実施目的は、手続の改善等であることから結果は非公表。 ●実施対象は、紛争事案において終結（和解・不調等）した事案における当事者双方。また、アンケートの合理性を検証するため、事案を担当した相談員にも実施。 ●実施内容は、事務局及びあっせん委員の対応、所要期間等。	●相談・苦情の申出者に対しては、手続終了時に口頭で可能な限り、ニーズを満たしたかどうかの確認を実施中。 ●紛争については、和解が成立したものについて、満足度の確認を実施中。 ●さらに、毎年、外部専門会社に依頼して、電話相談等のブラインド調査を実施している。
●東京・大阪において、「対面」による事情聴取を実施。（ただし、内容に応じて書面を中心とした手続とする等、遠隔地の利用者に配慮。） ●これに加え、24年度以降は、「テレビ会議システム」の導入により、全国9主要地方都市において事情聴取を実施する予定。	●申立人に対し旅費を支給の上、東京にて「対面」による事情聴取を実施。（介護を要する場合は介護人の旅費も負担。） ●上記対応が困難な場合には、調停委員が地方出張して対応。	●紛争解決委員が地方出張して、「対面」による事情聴取を実施。	●全国50ヵ所で「対面」による事情聴取を実施。	●全国47ヵ所の支部又は利用者の自宅で事情聴取が行える「電話会議システム」を導入済。 ●申立ての一次受付は、申立人の最寄りの都道府県支部でも受付けており、利用者の地理的事情に配慮。
●申立人に対し、代理人による申立てを勧める等の対応を行っている。	●親族等の代理人による申立てを認めている。	●申立人の状況を理解している代理人を介在させることが可能。 ●代理人が不在の場合は、公的機関の相談員（民生委員・市町村の相談員等）に依頼して対応することも可能。	●一定の条件を満たす代理人や補佐人を置くことが可能。 ●相談員研修等を通じて、高齢者等へきめ細かな対応を心がける等の指導を実施。	●利用者の負担増にならないよう補正作業等に十分時間を掛けるよう配慮。 ●インターネット環境のない高齢者等に対しては、最寄りの都道府県支部による直接対応を行っている。 ●代理人等を立てることが可能。
●特になし。	●苦情等の受付体制を強化するため、相談員1名を増員予定。 ●23年度中に当機関へのナビダイヤルを導入予定。	●苦情や紛争の処理体制を強化するため、23年度において、紛争解決委員及び相談員を増員予定。	●HPの運営に際しては、イラスト等を活用し、利用者に分かり易く平易な表現を用いるよう努めている。	●当協会HPのトップに「貸金業相談・紛争解決センター」のバナーを新規に設置し、ワンクリックで当該センターのページにアクセス可能とした。

資料8-① 指定紛争解決機関の「利用者利便性向上に向けたアンケート」の実施状況

機関名 報告項目	全国銀行協会	信託協会
実施概要	●開始時期は平成23年10月。 ●実施目的は紛争解決手続の改善。 ●実施対象は紛争事案において和解に至った事案の当事者双方。（銀行側は月1回依頼） ●実施内容は、全銀協相談室を知ったきっかけ、相談員の対応、申立書等の記載の負担感、あっせん委員の対応、所要期間、一連の手続に関する満足度等。	●開始時期は平成23年10月。 ●実施目的は紛争解決手続の改善。 ●実施対象は紛争事案において和解に至った事案の当事者双方。（今後は不調事案についても実施する方向で検討。） ●実施内容は信託相談所を知ったきっかけ、HPの内容、相談員及びあっせん委員の対応、所要期間等。
実施状況・改善事項等	●回収状況は対象事案361件に対し、申立人からの回答が255件であった（回収率：71％）。〔平成24年5月21日時点〕 ●申立人の主な意見は評価・謝意等が175件（71％）、不満・意見・要望等が30件（12％）。（詳細は資料8-②を参照） ●意見等を踏まえた改善事項は、事情聴取の過程においてあっせん委員が説明した事項や申立人からの手続照会等に関して、改めて事務局から、より丁寧かつ分かりやすい表現を用いて説明を行うよう徹底したことなど。	●回収状況は対象事案1件に対し、申立人からの回答が1件であった（回収率：100％）。〔平成24年5月31日時点〕 ●申立人からは、あっせん委員の対応が誠実で、内容も分かり易いとの評価がある一方で、申立てから和解に至るまで思ったよりも時間を要したとの不満もあった。 ●意見等を踏まえた改善事項は、申立人に対し手続期間を含めた紛争解決手続に係る申立時の説明をより一層徹底することとしたことなど。
今後の進め方	●今後はこれまでの回答結果を踏まえ、設問項目の有意性等を検証し、設問項目の見直しや対象事案の拡大等の検討を行う予定。	●今後は信託相談所の対応については逐次改善を検討し、あっせん委員会の対応についてはデータがある程度蓄積した段階で集計し、委員にフィードバックを行う予定。

機関名 報告項目	保険オンブズマン	日本少額短期保険協会
実施概要	●開始時期は平成24年度内の予定。（紛争事案がアンケートに足る数となった段階で実施。） ●実施目的は業務運営改善のための参考資料。 ●実施対象は手続きの終了した紛争事案に係る全ての申立人。 ●実施内容は他の機関のアンケートを参考に、今後運営委員会において検討を行う予定。	●開始時期は平成24年4月。 ●実施目的は裁定委員会の運営等の参考。 ●実施対象は紛争事案における当事者双方。 ●実施内容は少額短期ほけん相談室を知ったきっかけ、HPの内容、相談員及び裁定委員の対応、所要時間、満足度等。
実施状況・改善事項等	●平成24年5月31日現在では未実施。	●平成24年5月31日時点では対象事案はない。
今後の進め方	―	●今後は調査期間を半年程度に設定し集計等を行い、必要に応じて業務改善等の検討を行う。また、併せて質問内容等の見直しの検討も行う。

※ 本資料は、各金融ADR機関からの報告に基づき、金融庁で作成。〔平成24年5月31日現在〕

生命保険協会	日本損害保険協会
●開始時期は平成24年4月。 ●実施目的は紛争解決手続の改善及び裁定審査会の周知施策等の参考のため。 ●実施対象は紛争事案において和解に至った事案の申立人。(保険会社には、別途意見交換の場を設定。) ●実施内容は手続面に関する設問を中心とする。	●開始時期は平成24年4月。 ●実施目的は紛争解決手続の改善及び効果的な周知方法のための参考。 ●実施対象は紛争事案において和解に至った事案の申立人。(運用状況を踏まえつつ範囲の拡大についても検討。) ●実施内容は手続面に関する設問を中心とする。
●回収状況は対象事案6件に対し、申立人からの回答が5件であった(回収率:83%)。〔平成24年5月18日時点〕 ●申立人の主な意見は評価・謝意等が半数以上を占めた一方で、不満・意見・要望等(「書面作成に負担を感じた。」等)も相当数あった。 ●意見等を踏まえた改善事項は、従前から検討していた記入要領、紛争申立書及び記入例の見直し・改訂を行ったことなど。	●回収状況は対象事案19件に対し、申立人からの回答が8件であった(回収率:42%)。〔平成24年5月18日時点〕 ●申立人の主な意見は評価・謝意等が4件(50%)、不満・意見・要望等が2件(25%)であった。
●今後は調査期間(半年程度を想定)を設け、集計等を行い、必要に応じて業務改善等の検討、設問内容の見直し、対象事案の拡大等の検討を行う予定。	●今後は一定期間ごとに集計等を行い、必要に応じて業務改善や設問内容の見直し等を検討する。

証券・金融商品あっせん相談センター	日本貸金業協会
●開始時期は平成23年9月。 ●実施目的は紛争解決手続の改善等。 ●実施対象は紛争事案において終結(和解・不調等)した事案の当事者双方及び事案を担当した相談員。 ●実施内容は事務局及びあっせん委員の対応、所要期間等。	●アンケート形式ではないが、平成22年10月以降、紛争において終結(和解・不調)した事案等の申立人について、口頭で満足度の確認を実施。 ●毎年、外部専門会社に依頼し、電話相談等に係るブラインド調査を実施。
●回収状況は対象事案303件に対し、申立人からの回答が142件(回収率:47%)。〔平成24年5月31日時点〕 ●申立人の主な意見は評価・謝意等が46件(32%)、不満・意見・要望等が32件(23%)であった。(詳細は資料8-③を参照) ●意見等を踏まえた改善事項は、あっせん時の申立人と金融機関の控え室を分けるよう徹底したことや苦情処理対応をより一層丁寧に実施するよう徹底したことなど。	●紛争申立人の主な意見は評価・謝意等が6件(60%)、不満・意見・要望等が4件(40%)であった。〔対象期間:平成22年10月1日～24年5月31日〕 ●聴取した申出人の意見は、相談・紛争解決委員会に報告し、必要に応じて事務局の業務改善の参考とするとともに、紛争解決委員にもフィードバックを行う。 ●ブラインド調査の結果を踏まえ、相談員への電話応対研修を実施し、より丁寧な電話応対を行うよう徹底した。
●今後はデータの蓄積がある程度進んだ段階で集計し、各あっせん委員にフィードバックを行う予定。	●今後は紛争終結事案の当事者双方に、紛争解決委員の対応、所要期間、聴聞環境等について、手続改善を目的としたアンケート調査を実施することを検討。

資料 8-②　全国銀行協会：苦情対応・紛争解決手続改善のためのアンケート結果について（平成 24 年 6 月）

1　アンケート概要

開始時期・対象事案	○ 平成 23 年 10 月 1 日以降の和解契約締結に至った事案
目的・内容	○ 紛争解決手続を利用した申立人および被申立人（相手方銀行）からの意見等を踏まえ、紛争解決手続等の改善を図る。 ○ 手続やあっせんのプロセスに関する設問を中心に構成。
実施のタイミング	○ 申立人：和解契約書の調印依頼に併せて依頼 ○ 相手方銀行：月に 1 回実施

2　アンケート結果の概要（自由回答）

（1）　申立人からの回答

【評価・謝意等】
- 書類の書き方について電話やメモ書き等で親切に教えてもらった。
- 訴訟よりも短期間で解決できた。当社の事情をよく理解していただいた。
- 銀行と私の双方の立場を考えたあっせん案を時間がかかる中で調整いただいた。
- あっせん委員会のおかげで紛争に終止符を打つことができた。

【不満・意見・要望等】
- 手続について不明な点があり照会したが、内容が難しく 1 回の説明では理解できなかった。
- 応対は非常に良いが、手続がより簡略化されるとありがたい。
- 金融機関寄りと感じた。リスク性資産を保有しているとはいえ素人だと理解してほしい。

（2）　被申立人（相手方銀行）からの回答

【評価・謝意等】
- 必要十分な速さで手続が進められている。
- あっせん手続について都度説明があり、スムーズに対応できた。
- 中立公平に対応いただいた。

【不満・意見・要望等】
- 答弁書を作成するための期間が短いため、十分な期間を設けてほしい。
- 事情聴取日について、候補日をより多く提示いただきたい。
- 事情聴取時の控室数を増やし、他行と相部屋とならないよう調整いただきたい。

資料 8-③ 証券・金融商品あっせん相談センター：アンケートの回収状況
(平成 24 年 5 月末現在)

1. アンケートの発送件数（A）		303 件	606 通
※ 23年9月20日～24年5月30日の間の終結事案件数	（うち和解）	145 件	290 通
	（うち不調）	158 件	316 通
2. アンケートの回収状況（B）		199 件	284 通
		〈事案件数ベース〉	〈利用者ベース〉
3. 回収率（B/A×100）		65.7%	46.9%

	和　解		不　調		合　計
回収件数（①+②+③）	96		103		199
（件数ベースの回収率）	66%		65%		65.7%
双方より提出 ①	42		43		85
申立人のみ ②	40		17		57
被申立人のみ ③	14		43		57
双方より（①×2）④	84		86		170
回収枚数（②+③+④）	138		146		284
（利用者ベースの回収率）	48%		46%		46.9%
回収のみコメントなし	81		76		157
評価、謝意	43	（申立人）　31 （被申立人）　12	22	（申立人）　15 （被申立人）　7	65
不満、意見、要望	14	（申立人）　10 （被申立人）　4	48	（申立人）　22 （被申立人）　26	62

資料 9-① 指定紛争解決機関の紛争解決手続実施状況 （平成 22 年 10 月 1 日～平成 23 年 9 月 30 日）

（単位：件）

金融ADR機関名	(1) 紛争解決手続件数（当期の状況）						(2) 紛争解決手続の終了事由別の内訳件数（当期の既済件数）									(3) 紛争解決手続（不応諾および移送を除く。）の所要期間（当期の既済事件）				
							成立						成立以外							
	H22年9月30日までの受付件数	当期の受付件数	前年同期比	受付件数計	当期の既済件数	当期の未済件数	和解	特別調停	見込みなし	双方の離脱	一方の離脱	不応諾	移送	その他	計	1月未満	1月以上3月未満	3月以上6月未満	6月以上	計
全国銀行協会	54	675	472%	729	383	346	191	0	182	0	10	0	0	0	383	15	109	185	74	383
信託協会	—	2	皆増	2	2	0	1	0	0	0	0	0	0	1	2	1	1	0	0	2
生命保険協会	—	218	56%	218	109	109	3	6	97	0	3	0	0	0	109	21	35	47	6	109
日本損害保険協会	—	293	372%	293	180	113	20	21	124	1	8	0	0	6	180	4	59	104	13	180
保険オンブズマン（注2）	—	8	—	8	1	7	0	0	0	0	0	0	0	1	1	0	0	0	0	1
日本少額短期保険協会（注2）	—	5	—	5	4	1	2	0	0	0	1	0	0	1	4	0	0	3	0	4
証券・金融商品あっせん相談センター（注3）	—	112	34%	112	55	57	35	0	19	0	0	0	0	1	55	0	37	18	0	55
日本貸金業協会（注2）	—	7	—	7	7	0	4	0	0	0	0	0	0	3	7	1	3	2	1	7

【凡例】
【和解】：紛争解決委員が提示する和解案により解決したもの。
【特別調停】：紛争解決委員が提示する特別調停案（和解案であって、金融機関が原則受け入れなければならないもの）により解決したもの。
【見込みなし】：紛争解決委員が、紛争解決手続によっては当事者間において和解が成立する見込みがないと判断して手続を終了したもの。
【双方の離脱】：紛争解決委員が、紛争当事者双方が、紛争解決手続を続行することを希望しないこととして、合意により終了したもの。
【一方の離脱】：紛争当事者のいずれか一方が、申立ての取下げや手続の応じない等の離脱をしたもの。
【不応諾】：紛争解決委員からの応諾の求めに対し、他の指定紛争解決機関の紛争解決手続に付することが適当と認めたもの。
【移送】：紛争解決委員が、申立てに対し、他の指定紛争解決機関の紛争解決手続に付することが適当と認めたもの。
【その他】：紛争解決手続が終了しているが、上記のいずれにも分類されないもの。

（注1）各金融ADR機関からの報告に基づき金融庁で作成。
（注2）保険オンブズマン、日本少額短期保険協会および日本貸金業協会の紛争案件については、金融ADR機関指定後、新たに取扱いを開始。
（注3）証券・金融商品あっせん相談センターは、平成23年4月1日から紛争解決等業務を開始。
（注4）受付件数および既済件数は速報値である。

128　資料 9-①　指定紛争解決機関の紛争解決手続実施状況

資料 9-②　指定紛争解決機関の紛争解決手続実施状況 （平成24年4月1日～平成24年9月30日）

(単位：件)

(指定紛争解決機関名)	(1) 紛争解決手続件数（当期の状況）					(2) 紛争解決手続の終了事由別の内訳件数（当期の既済事件）							(3) 紛争解決手続（不応諾および移送を除く。）の所要期間（当期の既済事件）			
	前期の未済件数	当期の受付件数	受付件数計		当期の既済件数	当期の未済件数	成立			成立以外				1月未満	1月以上3月未満	3月以上6月未満	6月以上	計
				前年同期比			和解	特別調停	見込みなし	双方の離脱	一方の離脱	不応諾	移送	その他	計					
全国銀行協会	548	478	1,026	13%	589	437	367	0	186	0	36	0	0	0	589	3	134	304	148	589
信託協会	1	0	1	増減なし	1	0	1	0	0	0	0	0	0	0	1	0	0	0	1	1
生命保険協会	114	117	231	▲6%	130	101	5	20	101	0	4	0	0	0	130	13	43	53	21	130
日本損害保険協会	155	211	366	26%	209	157	26	29	139	0	14	0	0	1	209	2	61	104	42	209
保険オンブズマン	12	13	25	160%	14	11	5	1	8	0	0	0	0	0	14	0	5	4	5	14
日本少額短期保険協会	1	0	1	皆減	1	0	1	0	0	0	0	0	0	0	1	0	0	0	1	1
証券・金融商品あっせん相談センター	54	71	125	▲36%	92	33	30	0	49	0	0	0	0	12	92	3	49	35	5	92
日本貸金業協会	3	5	8	150%	4	4	1	0	1	0	0	0	0	2	4	0	2	1	1	4

(注1) 各指定紛争解決機関からの報告に基づき金融庁で作成。
(注2) 計数は速報値である。

[凡例]
- 和解…紛争解決委員が提示する和解案により解決したもの。
- 特別調停…紛争解決委員が提示する特別調停案により解決したもの。
- 見込みなし…紛争解決委員が、紛争解決手続によっては、和解が成立する見込みがないと判断して終了したもの（和解案または特別調停案の受け入れなければならないものなど、金融機関が原則受け入れなければならないものに より解決したもの。
- 双方の離脱…紛争解決手続の当事者双方が、紛争解決手続によっては紛争の解決を図ることはしないこととして、合意により終了したもの。
- 一方の離脱…紛争の当事者のいずれか一方が、申立てでの取り下げを含む手続からの離脱により終了したもの。
- 不応諾…顧客の不応諾および金融機関の正当な理由のある不応諾。
- 移送…紛争解決機関が、他の指定紛争解決手続に付することが適当と認めたもの。
- その他…紛争解決手続が終了しているが、上記のいずれにも分類されないもの。

129

資料10　業界団体における相談・苦情・紛争の件数（平成15～23年度）

団体名	種別/年度	相談（件数） 15	16	17	18	19	20	21	22	23	15	16
預金　　　　　　　　合計		57,446	56,742	51,348	44,700	42,978	46,115	41,656	41,436	40,821	1,684	1,530
全国銀行協会		55,418	54,230	48,550	42,083	38,700	41,663	34,659	35,769	34,448	975	775
信託協会		609	601	675	631	757	822	655	765	992	19	14
全国信用金庫協会		871	870	981	1,030	1,199	1,274	1,522	1,605	1,493	326	334
全国信用組合中央協会		16	512	458	400	662	673	2,792	364	283	38	41
全国労働金庫協会		28	34	30	52	156	189	470	605	348	39	23
全国JAバンク相談所		494	495	654	498	1,502	1,485	1,548	2,206	2,585	274	342
JFマリンバンク相談所		10	0	0	6	2	9	10	122	672	13	1
保険　　　　　　　　合計		115,208	104,646	102,801	102,251	102,966	87,543	84,045	67,282	69,542	1,629	5,283
生命保険協会		20,579	12,966	14,256	11,110	9,989	10,100	8,156	7,844	9,593	1,005	4,362
日本損害保険協会		94,629	91,680	88,545	91,139	92,975	76,193	75,556	59,244	59,716	624	921
外国損害保険協会		—	—	—	—	—	1,248	329	97	—	—	—
保険オンブズマン		—	—	—	—	—	—	—	81	60	—	—
日本少額短期保険協会		—	—	2	2	2	4	16	173	—	—	
投資サービス　　　　合計		12,911	13,212	13,074	11,803	9,806	11,150	9,069	8,035	7,496	1,164	1,114
証券・金融商品あっせん相談センター		—	—	—	—	—	—	7,639	7,017	6,626	—	—
日本証券業協会		4,945	6,303	7,368	7,451	6,438	8,625	7,286	4,098	4,358	751	854
投資信託協会		158	145	181	381	428	413	85	33	17	20	26
金融先物取引業協会		0	0	15	43	12	9	243	497	427	18	7
日本投資顧問業協会		34	33	27	23	15	11	23	51	83	46	36
日本商品投資販売業協会		23	1	1	1	11	1	2	0	—	17	0
第二種金融商品取引業協会		—	—	—	—	—	—	—	—	2	—	—
認定投資者保護団体業務等		—	—	—	—	—	—	0	2,338	1,739	—	—
不動産証券化協会		4	3	3	0	1	12	12	2	2	0	0
日本商品先物取引協会		7,747	6,727	5,479	3,904	2,901	2,079	1,418	1,016	868	312	191
その他　　　　　　　合計		92,305	71,202	68,037	60,244	8,652	42,923	49,030	46,986	43,695	9,265	7,602
全国貸金業協会連合会		91,562	70,586	67,611	59,589	—	—	—	—	—	9,263	7,598
日本貸金業協会		—	—	—	—	8,108	42,211	48,138	46,263	42,886	—	—
前払式証票発行協会		743	616	426	655	544	712	892	—	—	2	4
日本資金決済業協会		—	—	—	—	—	—	—	723	809	—	—
総計		277,870	245,802	235,260	218,998	164,402	187,731	183,800	163,739	161,554	13,742	15,529

（注1）　15～17年度は取扱件数、18年度は、相談については相談件数、苦情については申立件数、紛争については紛争解決支援件数、19年度以降は、相談については相談件数、苦情・紛争については申立件数をそれぞれの計数に使用している。

（注2）　苦情件数は、苦情申立の総数であって、金融商品取引法等における「苦情処理手続」によって処理した苦情件数ではない。

（注3）　証券・金融商品あっせん相談センター（以下「センター」という。）は、平成22年2月から業務を開始し（③は平成23年4月から）、以下に関する業務を行っている。
　①日本証券業協会・投資信託協会・金融先物取引業協会・日本投資顧問業協会・第二種金融商品取引業協会（22年度以前は日本商品投資販売業協会を含む。）、以上5つの金融商品取引業協会からの委託
　②センターに利用登録を行った金融商品取引業者が行う第二種金融商品取引業（認定投資者保護団体業務）
　③センターと金融商品取引法第156条の38第13項の手続実施基本契約を締結した金融商品取引業者が行う特定第一種金融商品取引業（指定紛争解決機関業務）

苦情（件数）							紛争（件数）								
17	18	19	20	21	22	23	15	16	17	18	19	20	21	22	23
1,467	3,534	2,711	3,220	3,967	4,923	7,641	2	1	2	2	4	42	99	347	1,121
687	2,958	2,174	2,590	2,911	3,935	6,586	1	0	0	2	1	30	89	322	1,086
21	15	20	28	46	32	67	0	0	0	0	2	2	1	4	2
315	26	12	10	38	53	76	0	0	0	0	0	0	0	4	10
34	35	46	61	90	56	84	0	0	0	1	3	1	1	1	2
47	42	53	73	78	104	92	0	0	0	0	0	0	0	1	2
362	437	387	444	607	704	694	1	1	1	0	0	7	8	15	19
1	21	19	14	23	39	42	0	0	1	0	0	0	0	0	0
8,136	10,860	27,616	28,563	29,346	26,079	25,790	22	30	49	42	66	121	189	332	640
6,898	8,908	10,148	7,616	7,076	6,623	6,458	16	24	37	25	40	82	122	172	260
1,238	1,944	17,447	20,526	21,292	18,418	18,537	6	6	12	17	26	39	67	154	360
—	—	—	405	1,199	603	—	—	—	—	—	—	—	—	—	—
—	—	—	—	—	363	672	—	—	—	—	—	—	—	3	15
—	8	21	16	19	72	123	—	—	—	—	—	—	—	3	5
1,258	1,165	1,168	1,450	1,348	1,233	1,590	304	399	367	312	317	390	287	338	494
—	—	—	1,284	1,190	1,530	—	—	—	—	—	—	—	221	309	467
982	877	773	966	1,037	1,001	1,205	140	149	158	168	173	278	205	239	308
30	21	20	23	4	1	5	0	0	0	0	0	0	1	0	0
1	54	139	307	203	121	264	0	0	0	2	10	11	10	25	149
25	41	30	35	38	16	28	0	0	1	2	3	5	5	5	2
0	1	9	0	2	0	—	0	0	0	0	0	0	0	0	—
—	—	—	—	—	—	1	—	—	—	—	—	—	—	—	0
—	—	—	0	51	27	—	—	—	—	—	—	—	0	40	8
1	0	0	1	0	0	0	—	—	—	—	—	—	0	0	0
219	171	197	119	63	43	60	164	250	208	140	131	96	66	29	27
4,715	3,739	44	598	785	356	262	0	0	0	0	0	0	0	5	7
4,696	3,723	—	—	—	—	—	—	—	—	—	—	—	—	—	—
—	—	43	597	785	352	247	—	—	—	—	—	—	—	5	7
19	16	1	1	0	—	—	—	—	—	0	0	0	0	—	—
—	—	—	—	4	15	—	—	—	—	—	—	—	—	0	0
15,576	19,298	31,539	33,831	35,686	32,591	35,283	328	430	418	356	387	553	575	1,022	2,262

④その他（未公開株など）

以上４つの業務を行っており、先ず①の５団体の構成員に係るものについては該当団体に計上し、それ以外の②から④については「認定投資者保護団体業務等」に計上している。

資料11　弁護士会ADR（東京三弁護士会）における個別金融機関用協定書ひな形

協定書（案）

　●●●株式会社（以下、「甲」という。）と東京弁護士会（以下、「乙1」という）、第一東京弁護士会（以下、「乙2」という。）および第二東京弁護士会（以下、「乙3」という。以下、三弁護士会を「乙」と総称する。）とは、甲と甲の顧客（以下、「顧客」という。）との間の紛争（注）（以下、「本件紛争」という。）を公正かつ迅速に解決することを目的として、乙1の設置・運営する東京弁護士会紛争解決センター（以下、「東弁紛争解決センター」という。）、乙2の設置・運営する第一東京弁護士会仲裁センター（以下、「一弁仲裁センター」という。）および乙3の設置・運営する第二東京弁護士会仲裁センター（以下、「二弁仲裁センター」という。以上三センターを「センター」と総称する。）を甲の紛争解決措置として利用することに関して、以下のとおり協定する。【注：金融ADRとして取り扱う紛争の範囲について金融機関と要確認】

（中立性の尊重）
第1条　乙は、本件紛争にかかる申立案件について、いずれの当事者にも偏らず中立の立場で取り扱うこととし、甲は乙の中立性を尊重する。

（センターの利用）
第2条　甲は、●法第●号に基づいて、本件紛争の紛争解決措置として乙のセンターを利用するものとする。【注：金融機関によって金融ADRの根拠法が異なるので適宜記載】

（本件申立・受理）
第3条　甲又は甲の顧客は、東弁紛争解決センター、一弁仲裁センターおよび二弁仲裁センターのいずれかに、本件紛争の解決のためのあっせん・仲裁の申立（以下、「本件申立」という。）をすることができるものとする。
(2)　乙は、本件申立につき、法律相談を経由することなく申立を受理するものとする。

（協力義務）
第4条　甲は、乙が本件申立を受理してあっせん・仲裁手続（以下、「本件手続」と

いう。）が開始された場合、あっせん・仲裁期日に出席するものとする。また、乙からあっせん・仲裁に必要な資料の提出を求められた場合には、提出を拒む正当な理由のない限り、それら資料を提出するものとする。【注：金融ADRに関し、業界で指定紛争解決機関を設立した場合と同様の出席義務・資料提出義務を規定】

（あっせん手続の和解案・特別調停案）

第5条 あっせん手続において、乙から当事者に対し和解案の受諾の勧告がなされた場合は、甲は、これを受諾するよう努めなければならない。

(2) 前項の和解案の受諾の勧告によっては当事者間に和解が成立する見込みがない場合において、乙は、事案の性質、当事者の意向、当事者の手続追行の状況その他の事情に照らして相当であると認めるときは、本件紛争の解決のために必要な特別調停案を作成し、理由を付して当事者に提示することができるものとし、この場合甲は、金商法第156条の44第6項各号に規定する場合を除き、かかる特別調停案を受諾する義務を負うものとする。【注：金融ADRに関し、業界で指定紛争解決機関を設立した場合と同様の和解案受諾努力義務・特別調停案受諾義務を規定】

（あっせん手続の中止等）

第6条 あっせん手続が開始された後であっても、下記事項が判明した場合、乙は、当事者の申立により又は職権で、本件手続を中止し又は将来に向かって取り消すことができる。

① 取引の名義が当該顧客本人でない場合（ただし、相続等明らかに合理的な理由がある場合は除く。）

② 訴訟が終了もしくは訴訟中、または民事調停が終了もしくは民事調停中のものである場合

③ 弁護士会のあっせん・仲裁手続が終了または手続中のものである場合

（手数料等）

第7条 甲は、乙に対し、本協定締結の手数料として、金●円を直ちに支払うものとする。【注：協定書締結手数料の支払義務を規定】

(2) 乙は、本件申立を受理した場合には、乙が別に定める申立手数料（消費税相当額を含む）に相当する額および期日手数料（消費税相当額を含む。）のうち顧客負担部分に相当する額を甲に請求するものとする。ただし、顧客が申立手数料および期日手数料を負担する意思を表示した場合は除く。

（請求）

第8条　前条第2項の乙から甲への請求は、当月分をまとめて翌月15日までに、あらかじめ甲と乙の間で合意した方法により行うものとする。

（支払）

第9条　甲は、請求を受けた月の末日（当日が銀行休業日の場合には翌営業日）までに、乙の指定する銀行の預金口座に請求された全額を振り込むものとする。振込手数料は甲の負担とする。

（公表・開示）

第10条　甲は、本件紛争の紛争解決措置としてセンターを利用できる旨を公表し、かつ、顧客にその旨開示するものとする。

（規則等に関する協議）

第11条　前各条のほか、センターの利用に関しては、乙がそれぞれ定める規則等によることとするが、これらの規則等の適用に関して甲が協議を求めたときは、乙はこの求めに応じるものとする。その他、本協定に基づくセンターの利用に関して疑義が生じた場合には、甲乙双方協議のうえ解決するものとする。

（有効期間等）

第12条　本協定は平成22年○月○日から有効とする。
　　なお、本協定の改廃は、甲、乙のいずれかが他の全ての者に申し出て、四者協議のうえ決定するものとする。【注：金融ADR開始以前から弁護士会と協定書を締結していた場合は、第1文は、「本協定は平成22年○月○日から有効とし、甲乙間の平成●年●月●日付協定書は同日をもって合意解約する。」となる】

締結の証として、この協定書4通を作成し、甲、乙1、乙2および乙3がそれぞれに記名押印のうえ、各1通を保有するものとする。

平成22年○月○日

甲

乙1　東京都千代田区霞が関1丁目1番3号
東京弁護士会
会長

乙2　東京都千代田区霞が関1丁目1番3号
第一東京弁護士会
会長

乙3　東京都千代田区霞が関1丁目1番3号
第二東京弁護士会
会長

資料12 弁護士会ADR（東京三弁護士会）における金融機関団体用協定書ひな形

協定書（案）

　●●●（以下、「甲」という。）と東京弁護士会（以下、「乙1」という。）、第一東京弁護士会（以下、「乙2」という。）および第二東京弁護士会（以下、「乙3」という。以下、三弁護士会を「乙」と総称する。）とは、別紙の様式の受諾書を乙に提出した甲の加盟●（以下、「丙」という。）と丙の顧客（以下、「顧客」という。）との間の紛争（注）（以下、「本件紛争」という。）を公正かつ迅速に解決することを目的として、乙1の設置・運営する東京弁護士会紛争解決センター（以下、「東弁紛争解決センター」という。）、乙2の設置・運営する第一東京弁護士会仲裁センター（以下、「一弁仲裁センター」という。）および乙3の設置・運営する第二東京弁護士会仲裁センター（以下、「二弁仲裁センター」という。以上三センターを「センター」と総称する。）を丙の紛争解決措置として利用することに関して、以下のとおり協定する。
【注：金融ADRとして取り扱う紛争の範囲について金融機関と要確認】

（中立性の尊重）
第1条　乙は、本件紛争にかかる申立案件について、いずれの当事者にも偏らず中立の立場で取り扱うこととし、甲は乙の中立性を尊重する。

（センターの利用）
第2条　甲は、丙をして、●法第●条に基づいて、本件紛争の紛争解決措置として乙のセンターを利用させるものとする。【注：金融機関によって金融ADRの根拠法が異なるので適宜記載】

（本件申立・受理）
第3条　丙又は丙の顧客は、東弁紛争解決センター、一弁仲裁センターおよび二弁仲裁センターのいずれかに、本件紛争の解決のためのあっせん・仲裁の申立（以下、「本件申立」という。）をすることができるものとする。
(2)　乙は、本件申立につき、法律相談を経由することなく申立を受理するものとする。

（協力義務）

第4条　甲は、丙をして、乙が本件申立を受理してあっせん・仲裁手続（以下、「本件手続」という。）が開始された場合、あっせん・仲裁期日に出席させるものとする。また、丙が乙からあっせん・仲裁に必要な資料の提出を求められた場合には、提出を拒む正当な理由のない限り、丙をして、それら資料を提出させるものとする。【注：金融 ADR に関し、業界で指定紛争解決機関を設立した場合と同様の出席義務・資料提出義務を規定】

(あっせん手続の和解案・特別調停案)
第5条　あっせん手続において、丙が乙から当事者に対し和解案の受諾の勧告がなされた場合は、甲は、丙をして、これを受諾させるよう努めなければならない。
(2)　前項の和解案の受諾の勧告によっては当事者間に和解が成立する見込みがない場合において、乙は、事案の性質、当事者の意向、当事者の手続追行の状況その他の事情に照らして相当であると認めるときは、本件紛争の解決のために必要な特別調停案を作成し、理由を付して当事者に提示することができるものとし、この場合甲は、丙をして、●法第●条に規定する場合を除き、かかる特別調停案を受諾させる義務を負うものとする。【注：金融 ADR に関し、業界で指定紛争解決機関を設立した場合と同様の和解案受諾努力義務・特別調停案受諾義務を規定】

(あっせん手続の中止等)
第6条　あっせん手続が開始された後であっても、下記事項が判明した場合、乙は、当事者の申立により又は職権で、本件手続を中止し又は将来に向かって取り消すことができる。
　①　取引の名義が当該顧客本人でない場合（ただし、相続等明らかに合理的な理由がある場合は除く。）
　②　訴訟が終了もしくは訴訟中、または民事調停が終了もしくは民事調停中のものである場合
　③　弁護士会のあっせん・仲裁手続きが終了または手続中のものである場合

(手数料)
第7条　甲は、乙に対し、本協定締結の手数料として、金●円を直ちに支払うものとする。【注：協定書締結手数料の支払義務を規定】
(2)　乙は、本件申立を受理した場合には、乙が別に定める申立手数料（消費税相当額を含む。）に相当する額および期日手数料（消費税相当額を含む。）のうち顧客負担

部分に相当する額を甲に請求するものとする。ただし、顧客が申立手数料および期日手数料を負担する意思を表示した場合は除く。

(請求)
第8条　前条第2項の乙から甲への請求は、当月分をまとめて翌月15日までに、あらかじめ甲と乙の間で合意した方法により行うものとする。

(支払)
第9条　甲は、請求を受けた月の末日（当日が銀行休業日の場合には翌営業日）までに、乙の指定する銀行の預金口座に請求された全額を振り込むものとする。振込手数料は甲の負担とする。

(公表・開示)
第10条　甲は、丙をして、本件紛争の紛争解決措置としてセンターを利用できる旨を公表させ、かつ、顧客に対しその旨開示させるものとする。

(規則等に関する協議)
第11条　前各条のほか、センターの利用に関しては、乙がそれぞれ定める規則等によることとするが、これらの規則等の適用に関して甲が協議を求めたときは、乙はこの求めに応じるものとする。その他、本協定に基づくセンターの利用に関して疑義が生じた場合には、甲乙双方協議のうえ解決するものとする。

(有効期間等)
第12条　本協定は平成22年○月○日から有効とする。
　　なお、本協定の改廃は、甲、乙のいずれかが他の全ての者に申し出て、四者協議のうえ決定するものとする。【注：金融ADR開始以前から弁護士会と協定書を締結していた場合は、第1文は、本協定は平成22年○月○日から有効とし、甲乙間の平成●年●月●日付協定書は同日をもって合意解約する。」となる】

締結の証として、この協定書4通を作成し、甲、乙1、乙2および乙3がそれぞれに記名押印のうえ、各1通を保有するものとする。

平成22年○月○日

甲
社団法人
会長

乙1　東京都千代田区霞が関1丁目1番3号
東京弁護士会
会長

乙2　東京都千代田区霞が関1丁目1番3号
第一東京弁護士会
会長

乙3　東京都千代田区霞が関1丁目1番3号
第二東京弁護士会
会長

資料13 弁護士会 ADR（東京三弁護士会）における金融機関団体加盟の
個別金融機関用受諾書

受諾書

東京弁護士会　　　御中
第一東京弁護士会　御中
第二東京弁護士会　御中

　当●は、●●●と東京弁護士会、第一東京弁護士会および第二東京弁護士会とで締結した平成22年●月●日付協定書につき、以下の事項をお約束します。なお、同協定書中で定義された用語は、本書においても同様の意義を有するものとします。

1　乙が本件申立を受理して本件手続が開始された場合、当●はあっせん・仲裁期日に出席します。また、乙からあっせん・仲裁に必要な資料の提出を求められた場合には、提出を拒む正当な理由のない限り、それら資料を提出します。

2　あっせん手続において、乙から当●に対し和解案の受諾の勧告がなされた場合、当●はこれを受諾するよう努めるものとします。また、乙が、協定書に従って特別調停案を作成し、理由を付して当●に提示した場合、当●は、●法第●条に規定する場合を除き、かかる特別調停案を受諾いたします。

平成22年●月●日

　　　　　　　　　　　　　　　［住所］

　　　　　　　　　　　　　　　　　　　　［名称］　　　　　　　　　印

資料 14　弁護士会金融 ADR 紛争解決事例
（東京・第一東京・第二東京・大阪・愛知県・兵庫県）

渡部晃・斎藤輝夫・九石拓也・一場和之・木下学　編

（資料提供・協力　東京弁護士会紛争解決センター、第一東京弁護士会仲裁センター、第二東京弁護士会仲裁センター、公益社団法人総合紛争解決センター、愛知県弁護士会紛争解決センター、兵庫県弁護士会紛争解決センター）

＊金額・審理期間の日数等は概数である。

【東京弁護士会紛争解決センター】

番号	東弁①	
紛争の種類・金融商品	定期預金等預入資産の払戻請求	
金融機関	信用金庫	
顧客	個人女性、60代	
事案の概要	顧客の立場： 顧客は、昭和55年から金融機関との取引が始まり、通帳等を預けたままであったところ、当該金融機関の担当者に使い込まれたとして、定期預金等預入資産の払戻しを求めた。	
	金融機関の立場： 金融機関は、20年以上前の事案であり、当時の資料の保存はないが、口座が解約されていることが確認されるので、払い戻す預金等はない、と述べた。	
結果	不調	
経過	当時の資料がなく、口座の解約も済んでいるため、不調と判断された。	
審理期間	90日、3回	
代理人	顧客：なし	金融機関：なし

番号	東弁②
紛争の種類・金融商品	損害賠償請求（借換えが遅れたことによる損害）

金融機関	信用金庫
顧客	法人
事案の概要	顧客の立場： 顧客は、金融機関から、負債の一本化借換えの提案があり、当該金融機関への借換え作業に取り組んだが、すぐに借換えができるという顧客の当初の想定に反し、借換えの実行までに1年以上かかった。その間に資金繰りに苦しみ、取引先への支払いが滞って信用を失ったほか、一本化借換えのために想定を超える手間・コストをかけさせられる羽目になったとして、営業損害、役員の慰謝料等の損害賠償を請求した。また、借り換えた借入金の返済が延滞状態にあり、その借入金のリスケジュール、返済額減額等の条件変更を求めた。さらには、期日には、新規融資まで希望した。 金融機関の立場： 金融機関は、借換え等の申請及び実行等に時間がかかったのは、すべて顧客側の事情に原因がある、借換えが成立した後は、毎月の元金返済が3分の1になったとして顧客から感謝されすらしていたと述べた。その後、返済が滞り、すでに保証協会から代位弁済を受けているが、未払利息及び遅延損害金が残っており、これらを請求したいとした。
結果	和解成立
経過	未払利息を一括で支払い、それを条件に遅延損害金全額を免除する。
審理期間	170日、5回
代理人	顧客：なし　　　　　　　　　金融機関：あり

番号	東弁③
紛争の種類・金融商品	別件「調停案」に従えとのあっせんを求めた事案
金融機関	信用金庫、農協
顧客	法人
事案の概要	顧客の立場： 顧客は、別件民事調停で提示されている調停案に本件相手方金融機関が同意しないので、「調停案に従え」というあっせんを求めた。 金融機関の立場： 金融機関は、本申立ては金融ADR制度の本旨に反する利用である、と述べた。

結果	不調	
経過	話し合いがまとまる見込みなし。	
審理期間	80 日、1 回	
代理人	顧客：あり	金融機関：あり

番号	東弁④	
紛争の種類・金融商品	リスケジュール（返済困難のため、返済条件の変更を求める）	
金融機関	信用組合	
顧客	法人	
事案の概要	顧客の立場： 顧客は、過去 2 回リスケをしており、2 回目のリスケ後に代表者が変更したため、現代表者の連帯保証が外れている状況であるが、通算 3 回目のリスケを求め、現代表者の保証には応じたくないとのことであった。	
	金融機関の立場： 金融機関は、顧客が未払利息全額及び元本の一部を支払うこと、現代表者が連帯保証をすることを条件に、リスケに応じる、と述べた。	
結果	和解成立	
経過	代表者が保証人になることを承諾し、金融機関はリスケに応じることとなった。	
審理期間	80 日、2 回	
代理人	顧客：なし	金融機関：あり

番号	東弁⑤	
紛争の種類・金融商品	定期預金の満期払戻請求	
金融機関	農協	
顧客	個人女性	
事案の概要	顧客の立場： 顧客は、5 年前に始めた定期預金の満期払戻金（満期 2 年）を金融機関に対	

	し請求したが、未だに払戻しを受けていないとして、その払戻しを求めた。	
	金融機関の立場： 金融機関は、顧客本人の自宅に行って現金を渡しており、受取証の交付を受けており、対応する出金データもある、と述べた。もっとも、現金を渡す際にその場で金額を確かめていないことは認めた。	
結果	不調	
経過	和解の見込みがないため終了	
審理期間	80日、2回	
代理人	顧客：なし	金融機関：なし

番号	東弁⑥	
紛争の種類・金融商品	預金払戻請求	
金融機関	労働金庫	
顧客	個人男性、60代	
事案の概要	顧客の立場： 顧客は、昭和47年当時の約13万円の残高が記帳された通帳を発見し、金融機関に対し当該預金の払戻しを請求したが、口座が確認できないと言われて払戻しができなかったとして、その払戻しを求めた。	
	金融機関の立場： 金融機関は、昭和53年に預金残がないことが確認できるので、すでに払戻し済みである可能性が高いが、実際に払い戻したという記録までは残されていない、と述べた。	
結果	不調（取下げ）	
経過	預金台帳の存在を指摘するとともに、払い戻したという記録はないが、その後20年以上経過しており、保存期間が満了しているため、もはややむをえないのではないかと説明したところ、顧客はその説明に納得して、取り下げた。	
審理期間	80日、1回	
代理人	顧客：なし（妻が代理人）	金融機関：なし

番号	東弁⑦
紛争の種類・金融商品	連帯保証債務の錯誤無効主張
金融機関	信用金庫
顧客	個人男性
事案の概要	顧客の立場： 顧客は、連帯保証が非常に重い責任であると説明を受けていれば署名捺印しなかったとして、連帯保証債務の錯誤無効を主張した。
結果	移管調停（金沢弁護士会紛争解決センター）
経過	両当事者が同一の県内のため同県に移管調停となった。
審理期間	20日（同意書受領による移管日まで）、0回
代理人	顧客：なし　　　　　　　　　　金融機関：　—

番号	東弁⑧
紛争の種類・金融商品	損害賠償請求（外貨建預金の為替変動による損害）
金融機関	大手金融機関
顧客	法人
事案の概要	顧客の立場： 顧客は、金融機関から融資を受ける際に外貨建預金を行ったが、これは当該金融機関がその優越的地位を利用して外貨建預金を迫った不当なものであるとして、その為替変動による損害の賠償を求めた。 金融機関の立場： 金融機関は、融資と外貨建預金とは関係がなく、また外貨建預金はいつでも解約が可能であり、優越的地位の濫用はなかった、と述べた。
結果	和解成立
経過	優越的地位利用の有無についてはやや不明確な点があるものの、預金はいつでも解約でき解約を制約する要素は認められないので、損害との因果関係が弱かった。そこで、損害の一部金融機関負担のあっせん案を提示したところ、双方が合意した。

審理期間	100日、2回	
代理人	顧客：なし	金融機関：あり

番号	東弁⑨	
紛争の種類・金融商品	解約返戻金市場金利連動型個人生命保険についての契約無効主張	
金融機関	信用金庫	
顧客	個人女性、80代	
事案の概要	申立人は、自己が理解不能の保険商品を購入させられたため、契約をなかったことにして欲しいと申し立てた。	
結果	移管調停（広島弁護士会仲裁センター）	
経過	両当事者が同一の県内のため、同県に移管調停となった。	
審理期間	20日（同意書受領による移管日まで）、0回	
代理人	顧客：なし（娘婿が代理人）	金融機関：なし

番号	東弁⑩
紛争の種類・金融商品	株取引に基づく損失の損害賠償請求（断定的判断の提供等）
金融機関	投資顧問会社
顧客	個人男性、60代
事案の概要	顧客の立場： 顧客は、資産形成のために前記金融機関の会員になって株式投資を開始し、当該金融機関からインサイダー情報に当たる間違いのない裏情報があるから絶対投資すべきとアドバイスされ、勧められた企業の株式を購入したところ、その後株価が急落して800万円超の損失を被ったとして、損害賠償を求めた。 金融機関の立場： 金融機関は、そもそも株式投資は自己責任である上、株式投資の性質上、「絶対」などの言葉を使うことはない、本件の株式を勧めたのは確かな情報

	に基づいた分析の結果である、と述べた。
結果	和解成立
経過	相手方が申立人に対し損害の1割程度を支払う。
審理期間	110日、2回
代理人	顧客：なし　　　　　　　　　　金融機関：あり

番号	東弁⑪
紛争の種類・金融商品	住宅ローンの保証料返還請求（現地調査　宮崎）
金融機関	労働金庫
顧客	個人男性
事案の概要	顧客の立場： 顧客は、一括前払いをした住宅ローンの保証料について、事前に十分な説明がなかったため、日割り計算で完済時に戻ってくるものと思っていたとして、住宅ローン保証料の日割り計算での返還額不足分を請求した。
	金融機関の立場： 金融機関は、保証料と返戻保証料等について適切に説明をしており、その説明内容を確認し、内容確認書に署名捺印してもらった、と述べた。
結果	取下げ
経過	申立人は、自己の署名済み確認書の開示を受け納得し、申立てを取り下げた。
審理期間	50日、1回
代理人	顧客：なし　　　　　　　　　　金融機関：あり

番号	東弁⑫
紛争の種類・金融商品	損害賠償請求（デリバティブにおける通貨クーポンスワップ）
金融機関	大手金融機関
顧客	法人
事案の概要	顧客の立場： リスクを十分に説明せずに、デリバティブの知識に乏しい申立人にデリバテ

	ィブ取引を強いたものであり、損失の5割を負担して欲しい。
	金融機関の立場：リスク説明は十分にしており、責任はない。
結果	和解成立
経過	資料等からみて顧客の主張が認められるか疑問があったが、他方、金融機関側の説明もとおりいっぺんであり、リスクについての説明不足が窺われうるものでもあった。最終的には、本件契約の解約、解約清算金及び未払延滞差額の合計額の1割を免除、未払延滞元金に対する遅延損害金を免除、残余の支払方法は別途協議、という和解が成立した。
審理期間	180日、5回
代理人	顧客：なし　　　　　　　　　　金融機関：あり

番号	東弁⑬
紛争の種類・金融商品	EB債購入費用の全額返還請求
金融機関	証券会社
顧客	個人女性
事案の概要	顧客の立場： 顧客は、外貨預金、投資信託等の解約後、EB債のリスクについての説明もなく、金融機関担当者に無断でEB債を購入されたと主張した。
	金融機関の立場： 金融機関は、弁護士会との協定は投資助言、代理業務に限定されており、金融商品に係る紛争はFINMACが指定紛争解決機関であるので、弁護士会ADRへの応諾義務はない、と述べた。
結果	不調（取下げ）
経過	協定外の事案であり、金融機関不応諾、金融ADRとして受理できないため、顧客に取り下げてもらった。
審理期間	20日、0回
代理人	顧客：なし　　　　　　　　　　金融機関：なし

番号	東弁⑭
紛争の種類・金融商品	損害賠償請求
金融機関	信用金庫
顧客	個人女性、60代
事案の概要	申立人は、年金の繰り上げ請求手続の代行を相手方に依頼したところ、相手方担当者の手続ミスにより、年金の額が減額してしまったため、慰謝料を請求する。
結果	移管調停（愛知県弁護士会紛争解決センター　和解成立）
経過	両当事者が同一県内のため、同県に移管調停となった（愛知③参照）。
審理期間	10日（同意書受領による移管日まで）、0回
代理人	顧客：なし（長女が代理人）　　金融機関：　―

番号	東弁⑮
紛争の種類・金融商品	不動産競売手続の停止等請求。
金融機関	信用組合
顧客	法人
事案の概要	顧客の立場： 顧客は、被担保債権の不存在等を理由に、不動産競売手続の停止等を求めた。 金融機関の立場： 金融機関は、被担保債権は存在し、不動産競売手続に何ら問題はないと述べた。
結果	不調
経過	不調で終了。
審理期間	130日、3回
代理人	顧客：なし　　金融機関：あり

番号	東弁⑯
紛争の種類・金融商品	保証債務に関連する請求
金融機関	信用金庫
顧客	個人男性、50代
事案の概要	顧客の立場： 顧客は、保証債務に関連する請求をなした。 金融機関の立場： 金融機関は、請求には応じられないと述べた。
結果	不調
経過	錯綜した事実関係があり、永年争われており、その一環として申し立てられた事案であるが、話し合いにはなじまないものと判断された。
審理期間	40日、1回
代理人	顧客：なし　　金融機関：あり

番号	東弁⑰
紛争の種類・金融商品	損害賠償請求（融資が受けられなかったことによる損害）
金融機関	信用金庫
顧客	法人
事案の概要	顧客の立場： 顧客は、金融機関の対応からして融資が受けられるものと思ったが、結局融資を受けることができず、損害を被ったとして、その賠償を求めた。 金融機関の立場： 金融機関は、融資が可能と期待させる発言はしていない、と述べた。
結果	不調
経過	主張が正反対、あっせんでは事実認定ができず、妥協点を見出しうる状況になかった。
審理期間	40日、1回
代理人	顧客：なし　　金融機関：なし

番号	東弁⑱
紛争の種類・金融商品	根抵当権設定登記抹消登記手続請求
金融機関	信用組合
顧客	個人
事案の概要	顧客の立場： 顧客は、極度額設定が過剰で価値利用が阻害されているとして、根抵当権設定登記抹消登記手続を求めた。
結果	移管調停（愛知県弁護士会紛争解決センター　和解成立）
経過	両当事者が同一県内のため、同県に移管調停となった（愛知④参照）。
審理期間	30日（同意書受領による移管日まで）、0回
代理人	顧客：あり　　　　　　　　　　　　金融機関：―

【第一東京弁護士会仲裁センター】

番号	一弁①	
紛争の種類・金融商品	住宅ローン控除相当額補償請求（貸金）	
金融機関	労働金庫	
顧客	個人男性、50代	
事案の概要	顧客の立場： 顧客は、金融機関から住宅ローンを借り入れ、所得税の住宅ローン控除を受けられるものと信じて税務申告を行ったが、特殊な事案であったため、税務署は控除の要件を欠くと判断した。顧客は、金融機関の説明義務違反・専門家責任等を主張し、住宅ローン控除相当額の補償を請求した。 金融機関の立場： 金融機関は、①通常の住宅ローンについて、住宅ローン控除ができなければ責任があるが、本件においては金融機関においても想定・認識しえなかった特殊な事情が融資後に存在しており、金融機関に責任はない、②融資当時に一般的な控除の要件の説明はしたはずである、③顧客はお客様なので、可能な範囲で対応し、不親切だった点は改善したい、と述べた。	
結果	取下げ	
経過	金融ADRの申立てを契機に、金融機関においても、顧客が控除の適用を受けるための方法が検討された。そして、期日において、金融機関から複数のアイデアが提示され、顧客において、当該アイデアの実現可能性について税務署に確認を行うこととなった。その後、顧客から、感謝の言葉と共に取下げがなされた。	
審理期間	60日、期日1回	
代理人	顧客：なし	金融機関：なし

番号	一弁②
紛争の種類・金融商品	債務額確認（貸金）
金融機関	信用金庫
顧客	個人女性、50代

事案の概要	不動産購入資金のためのローンの借入れの経緯等をめぐる紛争。 金融機関は、顧客の主張には理由はないと述べたものの、話し合いができるのであれば解決したいとの意向を示した。	
結果	和解	
経過	債務残高を確認した上で、一定額を免除することにより和解した。	
審理期間	130日、期日4回	
代理人	顧客：なし	金融機関：あり

番号	一弁③	
紛争の種類・金融商品	一時払型生命保険解約請求等（預金・生命保険）	
金融機関	信用金庫	
顧客	個人男性、70代	
事案の概要	顧客の立場： 顧客は、定期預金を解約して一時払型生命保険を契約したところ、金融機関の担当者との間で、別途、トラブルが生じたことから、当該生命保険契約についても不信を持ち紛争となった。また、顧客は慰謝料を請求した。 金融機関の立場： 金融機関は、自らに非はないとしながらも、紛争の早期解決の観点から譲歩を検討した。	
結果	和解	
経過	生命保険を解消して定期預金に戻すことにより和解。	
審理期間	100日、期日4回	
代理人	顧客：なし（息子が代理人）	金融機関：あり

番号	一弁④
紛争の種類・金融商品	債務額確認及び説明請求等（貸金）
金融機関	信用金庫
顧客	個人男性、70代

事案の概要	顧客の立場： 顧客は、①（約20年前の融資につき）金融機関は、顧客に融資金を利用させないまま、高額の利息を徴収した、②金融機関は、返済金の不払いを理由に期限の利益を喪失したとの内容証明を送付してきたが、顧客の計算によれば完済しているはずである、③金融機関からは十分な説明がない、と述べた。	
	金融機関の立場： 金融機関は、①新店舗が決まったら直ぐに利用したいとの顧客の要望を受けて、新店舗が決まる前に、新店舗開店資金を使途として融資をしたが、新店舗を開店しなかった以上、融資金を利用させることはできなかった、②融資から約3年後に決済した際に、定期預金相当額の利息を支払うことにより解決したと考えている、と述べた。	
結果	和解	
経過	顧客及び配偶者（連帯債務者）が、抵当権の目的である自宅に引き続き居住することを強く希望しているなどの事情をふまえ、顧客らが金融機関の計算に従った債務額を認めた上で、毎月支払い可能な範囲の一定額をいわば家賃として支払い続けることにより和解した。	
審理期間	260日、期日3回	
代理人	顧客：あり（途中から）	金融機関：なし

番号	一弁⑤	
紛争の種類・金融商品	損害賠償請求（建物更生共済保険）	
金融機関	農協	
顧客	個人女性	
事案の概要	顧客は、貯蓄型の保険と誤解して契約したが、その実質は損害保険であったので、掛金と解約返戻金の差額の支払いを求めた。	
結果	却下。なお、通常ADR事件として取り扱うことを提案したが、受け入れられなかった。	
経過	共済保険に関する紛争は、弁護士会と農協との間の協定の対象外のため却下。	
審理期間	30日	
代理人	顧客：あり	金融機関：―

番号	一弁⑥
紛争の種類・金融商品	不正の是正、損害賠償請求（貸金）
金融機関	信用組合
顧客	個人男性、50代
事案の概要	不動産購入資金のためのローンの借入れの経緯等をめぐる紛争。なお、関連事件に関する判決が存在する。
結果	不成立終了
経過	事実認識が大きく異なり、和解案の提案の余地はないことなどから終了。
審理期間	30日、期日1回
代理人	顧客：なし　　　　　　　　　　　金融機関：なし

番号	一弁⑦
紛争の種類・金融商品	損害賠償請求等（預金）（現地調停事件　兵庫県）
金融機関	信用組合
顧客	個人男性
事案の概要	顧客の立場： 顧客は、数年前に和解が成立した際には、金融機関は他に違法行為はないと説明していたが、最近になって預金口座の出金停止措置の解除未履行が判明したとして、損害賠償請求等を求めた。 金融機関の立場： 金融機関は、当時の事情は不明であるものの、速やかに出金停止措置を解除し、繰り返し謝罪したと説明した。
結果	不成立終了
経過	和解の成立の見込みがないため終了。
審理期間	100日、期日2回
代理人	顧客：なし　　　　　　　　　　　金融機関：あり

番号	一弁⑧
紛争の種類・金融商品	預金払戻等請求
金融機関	信用金庫（西日本）
顧客	個人女性、西日本在住
事案の概要	相続をめぐる紛争。
結果	移管調停（広島弁護士会仲裁センター）
経過	顧客から、移管調停または現地調停を希望する旨の申立てがあり、両当事者が同一の県内（ADRセンターあり）に所在することもあって、両当事者の合意により移管調停となった。
審理期間	―
代理人	顧客：あり　　　　　　　　　　　金融機関：　―

番号	一弁⑨
紛争の種類・金融商品	損害賠償請求等（預金）
金融機関	信用金庫
顧客	個人女性
事案の概要	顧客の立場： 顧客は、キャッシュカード詐欺に遭ったとして、その補填を求めた。 金融機関の立場： 金融機関は、当該事案は預金保護法の対象にならず、被害者には重大な過失もあり、被害者の心情は察するが、応じられないとの立場を説明した。
結果	不成立終了
経過	和解の成立の見込みがないため終了。
審理期間	60日、期日2回
代理人	顧客：なし（息子が代理人）　　　　金融機関：あり

番号	一弁⑩
紛争の種類・金融商品	抵当権設定登記抹消・不動産競売取下請求（貸金）
金融機関	信用金庫
顧客	個人男性（債務者の相続人）
事案の概要	顧客の立場： 顧客は、抵当権の目的不動産を任意売却し、その代金を以て、決済日に全額弁済する予定であるが、金融機関が応じてくれないと主張した。 金融機関の立場： 金融機関は、行き違いがあったが、全額回収及び費用負担について合意できれば、応じると説明した。
結果	取下げ
経過	合意ができたものとみられる。
審理期間	50日、期日1回
代理人	顧客：あり　　　　　　　　　　　　金融機関：なし

【第二東京弁護士会仲裁センター】

番号	二弁①	
紛争の種類・金融商品	借入金返済猶予（貸金）	
金融機関	信用金庫	
顧客	個人男性	
事案の概要	顧客の立場： 金融機関に借入金の一定期間の元本返済猶予を申し入れたところ、猶予に応ずる旨の回答を受けたが、返済猶予開始直前になり違約金発生を告げられた。顧客は、違約金の発生は納得がいかないとして違約金なしの返済猶予を求め申し立てた。	
	金融機関の立場： ①本件の融資には、返済条件を変更できない特約があり、変更する場合は一旦繰上返済になることから違約金が発生する、②当初担当者が特約を見落としていたが、気付いた後は誠実に対応してきた、③特約に反する取扱いはできないが妥当な解決策を検討する用意はある、と述べた。	
結果	取下げ	
経過	違約金の根拠等について金融機関から説明がなされ、違約金相当額の融資等の提案があったが、顧客の取下げにより終了。	
審理期間	100日、期日2回	
代理人	顧客：あり	金融機関：あり

番号	二弁②
紛争の種類・金融商品	定期貯金満期金請求（預貯金）
金融機関	農業協同組合
顧客	個人男性
事案の概要	顧客の立場： 顧客の定期貯金が満期となり、顧客の妻（90歳代）が、自宅を訪れた金融機関担当者に解約手続を依頼した。金融機関は、後日満期金を現金で手渡したとするが受領した事実はないとして、その支払いを請求した。

	金融機関の立場： 満期金は後日自宅に持参した、定期貯金証書預かり時に受取書を交付し、それと引換えに顧客の妻に現金を交付した、と述べた。	
結果	あっせん人による終了	
経過	事実関係の争いが大きく、和解成立の見込みがないため終了。	
審理期間	90日、期日2回	
代理人	顧客：あり（親族）	金融機関：あり

番号	二弁③	
紛争の種類・金融商品	財形年金支払請求（財形年金）（現地調停事件　長野県）	
金融機関	労働金庫	
顧客	個人女性	
事案の概要	顧客の立場： 金融機関に受領を失念していた財形年金の支払いを求めたが、すでに口座が存在しないため解約済のはずであると説明された。手元に証書が残っており納得できないとして、その支払いを請求した。	
	金融機関の立場： ①財形年金は約20年前に解約された記録が残っているが、当時の処理の詳細は不明である、②証書は担当者が回収を忘れたものと推測される、③年金請求権の消滅時効を援用する、と述べた。	
結果	和解	
経過	あっせん人から、金融機関に不手際があったことから解決金支払いによる和解を提案したところ、双方とも応諾した。	
審理期間	90日、期日2回	
代理人	顧客：なし	金融機関：なし

番号	二弁④
紛争の種類・金融商品	損害賠償請求（外貨預金、変額年金保険等）
金融機関	信用金庫

顧客	個人女性、80代	
事案の概要	顧客の立場： 金融機関に外貨預金、変額年金保険等の契約をさせられ損失を被ったとして、損害賠償を求めた。	
	金融機関の立場： 契約手続に問題はなかった旨主張した。	
結果	和解	
経過	あっせん人から和解案を示し、外貨預金契約解約等により確定した損失の一部を金融機関が負担する内容で和解成立。	
審理期間	120日、期日4回	
代理人	顧客：あり（親族）	金融機関：あり

【公益社団法人総合紛争解決センター】

番号	大阪①	
紛争の種類・金融商品	掛金返還請求（定期積立）	
金融機関	協同組合	
顧客	女性、60代	
事案の概要	顧客の立場： 顧客の母親は、相当期間の意識不明状態の後に死亡した。 顧客は、母の遺品から金融機関が母親名義の定期積立を管理していることが分かったので、金融機関に尋ねたところ、すでにいずれの定期積立も満期解約されているとのことであった。 しかし、金融機関が言う解約時期は、顧客の母親が当時意識不明であったので解約手続ができるはずがなく、金融機関の説明には納得いかない。 そこで、定期積立の掛け金の返金について和解あっせんを求める。	
	金融機関の立場： 債権の準占有者へ支払いをしたことによる債権の消滅を主張した。金融機関の当時の記録では本人への支払いをしたことになっているが、当時、十分な本人確認がされなかったことは認めざるを得ないものの、金銭支払いの和解は困難である。	
結果	見込みなし	
経過	債権の準占有者として証書と印鑑に基づいて支払いがされたことは明らかであるが申込書の署名が本人のものでないなど多少ずさんな点があったことは否めない。 しかしながら、金融機関の主張を前提とすれば、もともと和解は困難な事案であった。	
審理期間	60日、期日1回	
代理人	顧客：なし	金融機関：なし

番号	大阪②
紛争の種類・金融商品	貯金払戻請求（貯金）
金融機関	協同組合

顧客	男性、60代	
事案の概要	顧客の立場： 顧客は金融機関に貯金口座を有していたところ、同口座から100万円の払出しがされていることに気付き、金融機関に問い合わせたところ、金融機関の説明では顧客の妻から出金依頼があり渉外担当者が自宅に現金を届けたとのことであった。しかし、顧客の妻は別件で渉外担当者を自宅に呼んだものの、出金依頼はしていないし、現金を受け取っていない。そこで、顧客は、金融機関が、100万円を返金することについて、和解あっせんを求める。	
	金融機関の立場： 担当者が、当日に出金し、間違いなく届けていることから、顧客に対し100万円を支払うことは二重払いになるので、応じられない。	
結果	見込みなし	
経過	当時の顧客と金融機関担当者のやりとりを詳細に聞き取った上で、金融機関より、金融機関担当者が顧客の担当となった以後の関連書類の開示を受けて確認をした。 結果、書類に不備があることが判明したが、そのことが直ちに金融機関担当者が不正出金した事実につながるものではなく、金融機関が不正出金した事実を認めておらず、これを証明するものもないことから、不成立となった。	
審理期間	140日、期日2回	
代理人	顧客：なし	金融機関：なし

番号	大阪③
紛争の種類・金融商品	契約無効確認請求（ポケットローン）
金融機関	信用金庫
顧客	男性30代
事案の概要	顧客の立場： 顧客は金融機関の勧誘によりポケットローンの申込みをした。 顧客は、当該ポケットローンが必要なときに引き出すことができる商品であると思っていたが、実際には、顧客口座に50万円が振り込まれており、申込時に貸し付けられるものであった。 顧客は、振り込まれている事実も知らず、後に金融機関より催告書が届いたことから、確認したところ、50万円が振り込まれた後、毎月1万円が引き

	落とされていた。 金融機関の商品説明が不十分であったため、顧客の知らぬ間に50万円が貸し付けられ、顧客は50万円を使用することもなかったことから、当該ポケットローン契約は無効とする旨の和解あっせんを求める。
結果	取下げ
経過	顧客が和解あっせんを申し立てたことを金融機関に連絡したところ、金融機関より和解あっせん外で和解したいとの申入れがあったとのことで取下げとなった。
審理期間	10日、期日0回
代理人	顧客：なし　　　　　　　　　　金融機関：なし

番号	大阪④
紛争の種類・金融商品	損害補填請求（貸金庫）
金融機関	信用金庫
顧客	女性、70代
事案の概要	顧客の立場： 顧客は金融機関と貸金庫利用契約を締結し、その貸金庫内に現金2000万円を保管していたところ、現金50万円がなくなっていることが判明したので、金融機関に補填するよう求めたが、金融機関は補填に応じない。 そこで、金融機関は顧客に対し金50万円を支払う旨の和解あっせんを求める。
	金融機関の立場： 全自動貸金庫システムの構造上、鍵を持っている借主以外のものが貸金庫を開けることはできない。よって、金融機関に責任はなく、顧客の主張には応じられない。
結果	見込みなし
経過	双方から事実関係を聞いたが、そもそも顧客が現金2000万円を貸金庫に保管していたかどうかも含めて証明するものはなく、金融機関の貸金庫システムの構造からも和解に至るものではなかった。
審理期間	30日、期日1回
代理人	顧客：なし　　　　　　　　　　金融機関：なし

番号	大阪⑤
紛争の種類・金融商品	定額貯金支払請求（定額貯金）
金融機関	協同組合
顧客	男性、60代
事案の概要	顧客の立場： 顧客は父親が死亡した際に亡父名義の定期貯金について、金融機関に解約を申し出たところ、すぐには解約できないとされた。その後、金融機関は、定期貯金が不明になっているので調査させて欲しいとの説明をしていたが、結局、データも定期証書も見当たらないので、払戻しには応じられないとのことであった。 そこで、金融機関は顧客に対し、顧客の亡父親名義の定期貯金300万円を支払う旨の和解あっせんを求める。 金融機関の立場： 顧客が主張する定期貯金については存在が認められず、払出しには応じられない。
結果	見込みなし
経過	双方から事実関係を聴取したところ、顧客の主張は、もっぱら記憶に基づくものであり、証拠類はない。なお、金融機関の調査結果については、十分に顧客に対して説明がなされていないと思われることから、再度、説明することを提示し、本手続は、不成立として終了した。
審理期間	50日、期日1回
代理人	顧客：なし　　　　　　　　　　　　金融機関：なし

番号	大阪⑥
紛争の種類・金融商品	損害賠償請求（不動産特定共同事業）
金融機関	不動産証券化商品販売業者
顧客	女性、50代
事案の概要	顧客の立場： 顧客は、金融機関である不動産特定共同事業法に基づく不動産証券化商品の販売を業とする株式会社と、約1年間の期間に、十数回に亘り同事業法に基

	づく不動産特定共同事業契約を締結し、各契約に基づく出資金として計1億8000万円を支払った。 しかしながら、顧客は、持病により、本契約内容をほとんど理解できない状況であり、適合性の原則に反する。 また、金融機関は、顧客に対し、本件契約に際し、重要事項説明書の交付をするのみで、説明をしておらず、さらには、「元金保全」と書いてある新聞記事を見せ、「これは元本を保証するという意味だが、保証とは書けないので保全と書いている。」と説明するなどの説明義務違反があった。 その結果、顧客は、1億4000万円の損害を被った。 そこで、金融機関は顧客に対し、上記損害金及び弁護士費用を支払う旨の和解あっせんを求める。	
	金融機関の立場： 顧客は、何度も来店して、納得の上契約していただいている。顧客に理解力、判断力が低下している様子は見受けられなかった。	
結果	和解契約	
経過	第1回期日において事実確認をした上で顧客提案の和解案を金融機関に持ち帰って検討してもらい、第2回期日において金融機関より対案が提示された。第3回期日においては第2回、第3回の期日間にて当事者間で詰められた和解条項案を確認し、最終的に条項を詰めた上で第4回にて和解成立となった。	
審理期間	160日、期日4回	
代理人	顧客：なし	金融機関：なし

【愛知県弁護士会紛争解決センター】

番号	愛知①
紛争の種類・金融商品	定期貯金払戻請求（定期貯金）
金融機関	農協
顧客	個人
事案の概要	再発行された定期貯金証書の払戻しを請求したところ、すでに払戻しがなされているとして拒否されたため、払戻しを請求。 顧客は、定期貯金証書を再発行しながら、それに基づいた払戻しをしないですでに払戻しがなされているというのは全く理解できない、父からも払戻しを受けたと聞いていないと主張。 金融機関は、元帳に払戻しの記帳があるだけで関連資料がない。貯金証書を再発行しながらそれに基づかない払戻しは通常あり得ない。ただし、古い証書の交付を受けたことで処理をした可能性があると予想できると主張。
結果	和解
経過	定期貯金証書と引換えに一定額を支払うという和解で解決する。
審理期間	期日2回
代理人	顧客： ―　　　金融機関： ―

番号	愛知②
紛争の種類・金融商品	貯金払戻請求（貯金）
金融機関	農協
顧客	個人
事案の概要	顧客が第三者による貯金の引出しを主張し、払戻しを請求。 顧客は、自分の貯金が知らないうちに第三者によって引き出されたことを主張。 金融機関は、顧客が預金者かどうか疑わしいと主張する。
結果	和解
経過	金融機関の一定額の支払いを顧客が受けることでの和解解決となる。
審理期間	期日5回

代理人	顧客： ―	金融機関： ―

番号	愛知③
紛争の種類・金融商品	損害賠償請求（年金／付随事務）
金融機関	信用金庫
顧客	個人
事案の概要	顧客の立場： 金融機関が顧客の承諾を得ずに年金の繰上支給申請をしたとして、損害賠償を請求。 顧客が金融機関に年金受給の繰上請求の相談をした際、金融機関担当者が年齢を聞き流し、申請書類を代筆し、処理を進めたので、年金受取額が減額してしまったことに対する慰謝料を請求。
結果	和解
経過	金融機関が顧客に対し、解決金を支払う内容の和解解決となる。
審理期間	期日1回（東京弁護士会からの移管調停）
代理人	顧客： ―　　　金融機関： ―

番号	愛知④
紛争の種類・金融商品	共同根抵当抹消請求（貸金）
金融機関	信用金庫
顧客	個人
事案の概要	金融機関のために複数の不動産に共同根抵当権を設定したが、債務に対し極度額が過大であるとし、一部不動産についての根抵当権抹消を請求。 顧客は一部土地・建物目録に対しての担保解除を求め、金融機関は火災保険の付保を条件に担保の一部解除に応じる旨主張。
結果	和解
経過	顧客が金融機関に一部を支払い担保を追加すること、不動産の一部について根抵当権抹消をする等の内容の和解成立となる。

167

審理期間	期日 2 回（東京弁護士会からの移管調停）	
代理人	顧客： —	金融機関： —

【兵庫県弁護士会紛争解決センター】

番号	兵庫①
紛争の種類・金融商品	生命共済金返還請求（生命共済金）
金融機関	農協
顧客	個人女性、30代
事案の概要	顧客の立場： 夫は自己が契約者となり、顧客を死亡共済金受取人とする生命共済契約を締結した。亡夫の生前、顧客は死亡共済金請求権に金融機関の質権を設定した。顧客としては、夫自身の金融機関からの借入金だけに質権を設定したつもりであった。ところが、夫の死後、死亡共済金を請求したところ、金融機関は、夫の経営していた会社の借入金の保証債務についてまで質権を実行した。会社の当該債務には不動産担保が設定され、会社は返済を遅滞していない。確かに、顧客が署名押印した担保差入証には、夫の金融機関に対する一切の債務を被担保債務として質権を設定すると記載されているが、金融機関からそのような説明は受けなかった。夫の保証債務についてまで質権を実行したことは不当であり、その分の返還（共済金の支払い）を求める。 金融機関の立場： 死亡共済金請求権に対する質権の設定及び実行手続に法律上の問題はないので、顧客の請求には応じられない。
結果	打切（特別調停案を提示）
経過	あっせん委員は、①説明義務の履行、②優越的地位の濫用、③生命共済金の特殊性等を指摘し、金融機関の質権の設定及び実行手続に問題があったという認識のもと、当事者双方の「責任割合」を考えた上で、金融機関は保証債務に対する質権実行を撤回し共済金を支払う、顧客は保証債務の一部を任意に返済すること等を内容とするあっせん案を提示した。金融機関に対しては、上部団体とも協議するよう要請したが、金融機関は、金融機関の責任割合が大きすぎて、顧客からの任意返済額が少なすぎるという理由で、あっせん案を拒否した。そこで、あっせん委員は、あっせん案と同じ内容の特別調停案を改めて双方へ提示した。顧客は受諾したものの、金融機関は拒否したので、あっせん手続は打ち切られた。その後、金融機関は、顧客を被告とする訴訟を提起した。
審理期間	210日、期日5回
代理人	顧客：なし　　　　金融機関：なし

番号	兵庫②
紛争の種類・金融商品	預金返還請求（預金）
金融機関	信用金庫
顧客	個人女性
事案の概要	顧客の立場： 顧客は10年以上前、金融機関に定期預金・積立預金をしていたが、解約しようとしたところ、すでに解約されていた。全く身に覚えがないので、その全額の支払いを求める。
	金融機関の立場： 顧客は、解約手続をしている。 資料は震災でなくなっているが、仮に証明できなくても、時効である。
結果	打切
経過	合意の見込がないため打切。
審理期間	270日、期日3回
代理人	顧客：なし　　　　　　　　　　　金融機関：なし

番号	兵庫③
紛争の種類・金融商品	抵当権抹消請求（貸金）
金融機関	信用金庫
顧客	法人
事案の概要	顧客の立場： 顧客は金融機関を窓口として、顧客の代表者の配偶者の姉が所有する不動産上に根抵当権を設定して、保証協会から1500万円を借り受けた。顧客はこの1500万円を返済したが、その後、保証協会から別に融資を受け債務が残っており、根抵当権ゆえに抹消できないと説明された。しかし、当該融資はすでに完済されているので根抵当権の抹消を請求する。
	金融機関の立場： 顧客は根抵当権の設定にあたり普通抵当と根抵当の区別について説明を受けていないと主張するが、金融機関は契約書の作成にあたり、これを説明している。別の担保物件を提供してもらえるならば、今回の物件から設定を外す

	ことは可能である。
結果	打切
経過	顧客が別の物件を代替担保に提供し、本件不動産上の根抵当権を抹消することを金融機関に検討してもらったが、金融機関は、顧客が代わりに提供する物件にはすでに別の抵当権が設定されており、担保余力に乏しいため、この提案を受け入れるのは困難と拒絶したため、和解の見込がなく打切とした。
審理期間	120日、期日3回
代理人	顧客：あり　　　　　　　　　　　金融機関：あり

番号	兵庫④
紛争の種類・金融商品	債務履行請求（宝くじ付き定期預金）
金融機関	信用金庫
顧客	個人女性
事案の概要	顧客の立場： 顧客は金融機関が平成12年に販売した宝くじ付き定期預金（期間1年間、3000円分相当、自動更新有り）につき、金融機関から突然販売を終了するとの通知があり一方的に更新を拒絶されたが、更新を継続してもらいたい。
	金融機関の立場： 当該商品は70周年の記念商品であること、10年間販売を継続してきた実績があることから更新拒絶は正当である。定期預金の販売中止は、金融機関内部の決定事項である。
結果	打切
経過	当該商品が時期をずらして4回にわたって販売されたにもかかわらず、販売中止の時期が一斉に適用されたため宝くじをもらえた回数に差があり、消費者にとって不公平ではないかとの顧客の疑問に対し、金融機関責任者に出頭してもらい回答してもらった。金融機関は更新拒絶の正当性を主張し、和解成立の見込がないため打切とした。不成立ではあったが、双方十分な話し合いがなされたことで意義のある手続ではあった。
審理期間	80日、期日2回
代理人	顧客：あり　　　　　　　　　　　金融機関：なし

番号	兵庫⑤
紛争の種類・金融商品	謝罪及び損害賠償請求（預金）
金融機関	信用金庫
顧客	個人女性
事案の概要	顧客の立場： 顧客が8つあった普通預金と定期預金を全て解約しに信用金庫の支店へ行ったところ、店舗内のカウンターとは別の仕切り内へ通され、希望もしていない生命保険を勧められた上に、解約手続に相当の時間を要したあげく、解約金800万円余りを他の客から見えるところで渡そうとするなど、防犯上の配慮も欠けていた。これらの事情により、被った健康被害及び精神的苦痛に対し謝罪と損害賠償を求める。 金融機関の立場： 顧客への意思確認が不十分・不徹底であった。
結果	和解
経過	金融機関は、お客様相談窓口の室長も同席し基本的に顧客の主張を全て認め、迷惑をかけたことも認めた。顧客も損害賠償請求に固執するものではなく、若干額の解決金で良いとのことであったため、金融機関が顧客に対し謝罪文を渡すこと、また、僅かではあるが、金融機関が解決金名目の金員を顧客に支払うことで和解が成立した。
審理期間	90日、期日3回
代理人	顧客：なし	金融機関：なし

事項索引

●あ行

あっせん案……………………………19,30
　　　──の調整・提示………………72〜77
あっせん委員（FINMAC）……………18,60
あっせん委員会（全国銀行協会）………25,60
あっせん委員の選任方法…………………59〜63
あっせん委員の中立性……………………63〜65
あっせん事例の公表………………………85〜87
あっせん手続………………………………18,25
あっせん人………………………………………62
あっせん申立書（全国銀行協会）……27,108
移管調停…………………………………9,72,100
意見書の活用……………………………………80
意見聴取…………………………………………45
一般紛争…………………………………………38
遠隔地利用者のアクセス方法…………70〜72,122

●か行

外国損害保険協会………………………………36
期日の回数……………………………21,40,65〜70
期日の所要時間………………………………65〜70
協定事業者………………………………………15
協定書（弁護士会）…………………7,98,132〜139
業務規程………………………………………53〜56
金融ADR調停人候補者…………………………99
金融商品………………………………………2,14
金融商品取引業協会……………………………6
苦情処理手続…………………………17,25,38,49
　　　──の資料・情報の扱い………………57〜59
現地調停………………………………………9,72,100
交渉能力の非対称性…………………………52,54
交通事故紛争処理センター……………………43
交通賠責…………………………………………38
国民生活センター………………………………6

●さ行

先物被害…………………………………………3
仕組債……………………………………………2

時効中断効………………………………………6
事情聴取…………………………………………30
指定紛争解決機関……………………………4,14,25
自動車保険請求相談センター…………………35
自賠責保険・強制紛争処理機構………………44
事務局付…………………………………………61
主張書面（全国銀行協会）…………………27,114
出張調停………………………………………100
証券・金融商品あっせん相談センター
　（FINMAC）…………………………………14
消費者センター…………………………………6
資料提出義務……………………………………5
成立手数料………………………………………9
説明義務違反………………………………11,20,33
全国銀行協会……………………………………25
相談（FINMAC）………………………………17
そんがいほけん相談室…………………………35
損害保険調停委員会……………………………35
そんぽADRセンター（損害保険相談・紛争
　解決サポートセンター）……………………35

●た行

第1種金融商品取引業者………………………14
第2種金融商品取引業者……………………15,96
調停委員…………………………………………18
適格性の審査…………………………………27,52〜57
適合性原則違反……………………………11,20,33
手数料（弁護士会）……………………………8
手続応諾義務……………………………………4
手続実施基本契約……………………………4,14,25
デリバティブ専門小委員会……………………32
電話会議・テレビ会議………………………70,71
答弁書（全国銀行協会）……………………27,112
登録金融機関……………………………………15
特定事業者………………………………………15
特定第1種金融商品取引業務…………………14
特別調停案……………………………………18,30,38
特別調停案受諾義務……………………………5

特別調停案制度の意義……………………82～85

●な行
日本商品先物取引協会………………………49
日本損害保険協会……………………………35
日本弁護士連合会 ADR センター……………95
日本弁護士連合会交通事故相談センター……44
認証 ADR 機関…………………………………6
認証紛争解決事業者…………………………14
認定投資者保護団体………………………6,25

●は行
FINMAC（Finanncial Instruments
　　Mediation Assistance Center）……………14
紛争解決委員………………………………5,39
紛争解決手続（そんぽADRセンター）………38
紛争解決の手続選択……………………48～51
弁護士仲裁センター………………………6,95
弁護士会紛争解決センター………………6,95

保険オンブズマン……………………………36

●ま行
無断売買………………………………………20
メディエーション型…………………………73
申立金…………………………………………18
申立の濫用……………………………………12
モラルハザード………………………………33

●や行
優越的地位の濫用……………………………33

●ら行
利用負担金……………………………………18

●わ行
和解案……………………………………19,37
　──の調整・提示……………………72～77

175

◆執筆者紹介 （五十音順）

大谷禎男（おおたに・よしお）
　1970年東京大学法学部卒業。1973年大阪地方裁判所判事補。1984年東京地方裁判所判事。その後、法務省民事局付・参事官、東京高裁判事、名古屋地裁部総括判事、東京地裁部総括判事、大津地家裁所長を経て、2006年東京高等裁判所第7民事部部総括判事。2010年退官。同年第一東京弁護士会登録。2011年駿河台大学法科大学院教授。同年証券・金融商品あっせん相談センターあっせん委員。同年原子力損害賠償紛争解決センター総括委員長。

大宮　立（おおみや・たつし）
　1998年東京大学法学部卒業。株式会社日本興業銀行勤務を経て、2003年東京弁護士会登録。2003年森・濱田松本法律事務所勤務。2012年シティ法律事務所パートナー。2009年～一般社団法人住宅瑕疵担保責任保険協会審査会審査委員。2010年～日本損害保険協会そんぽADRセンター紛争解決委員。

河井　聡（かわい・さとし）
　1987年東京大学法学部卒業。1989年第一東京弁護士会登録。1995年コロンビア大学法科大学院卒業。2004年東北大学法科大学院非常勤講師。2009年日本弁護士連合会ADRセンター事務局次長。2010年東京三弁護士会仲裁センター連絡協議会金融ADR小委員会委員長。2011年第一東京弁護士会仲裁センター運営委員会委員長。2012年東京三弁護士会仲裁センター連絡協議会議長。

田中博文（たなか・ひろぶみ）
　1978年東京都立大学法学部卒業。1986年第一東京弁護士会登録。2004年～2006年第一東京弁護士会消費者問題対策委員長。法律相談運営委員会、非弁提携弁護士対策本部、公益通報者保護協議会、仲裁人候補者。日本弁護士連合会業際・非弁・非弁提携問題等対策本部運営委員。

田中　豊（たなか・ゆたか）
　1973年東京大学法学部卒業。1975年東京地方裁判所判事補。1977年ハーバード大学ロー・スクール修士課程修了。その後、東京地方裁判所判事、司法研修所教官、最高裁判所調査官（民事事件担当）等を経て、1996年退官。同年東京弁護士会登録。2004年慶應義塾大学法科大学院教授。2008年全国銀行協会あっせん委員、国土交通省中央建設工事紛争審査会委員。

森　倫洋（もり・みちひろ）

1993年東京大学法学部卒業、1999年ハーバード大学ロースクール卒業。1995年東京地方裁判所判事補。その後、最高裁判所事務総局民事局付、福岡地裁判事補を経て、2005年第一東京弁護士会登録。2007年筑波大学大学院ビジネス科学研究科非常勤講師、金融トラブル連絡調整協議会委員。2008年日本弁護士連合会ADRセンター事務局長、国民生活センター紛争解決委員会委員。2010年信託協会あっせん委員。

渡部　晃（わたなべ・あきら）

1977年東京大学法学部卒業。1979年第一東京弁護士会登録。1992年通商産業省継続的役務取引適正化研究会委員。1994年東京簡易裁判所民事調停委員。1997年(財)産業研究所競争政策研究会委員長。同年通商産業省企業法制研究会委員。1999年学習院大学法学部特別客員教授。2000年第一東京弁護士会仲裁センター運営委員会委員長。2003年4月成蹊大学法学部客員教授。2004年学習院大学法科大学院教授。2007年法務省ADR法認証審査参与員。2008年日本弁護士連合会ADRセンター委員長。2009年総務省「地デジADR」（受信障害対策紛争処理事業）紛争処理運営委員会委員。2010年厚労省 医療裁判外紛争解決（ADR）機関連絡調整会議構成員。同年日本ADR協会理事。2011年日本仲裁人協会常務理事。同年仲裁ADR法学会理事。同年文科省原子力損害賠償紛争解決センター仲介委員。同年原発ADR研究会（仲介委員研究会）代表。2012年東京都建築紛争調停委員会委員。2013年法務省 ADR法に関する検討会委員。

金融紛争解決とADR		日弁連ADRセンター双書6

2013（平成25）年3月30日　初版1刷発行

編　者　日本弁護士連合会　ADR（裁判外紛争解決機関）センター
発行者　鯉渕　友南
発行所　株式会社 弘文堂　101-0062　東京都千代田区神田駿河台1の7
　　　　　　　　　　　　TEL 03(3294)4801　　振替 00120-6-53909
　　　　　　　　　　　　http://www.koubundou.co.jp
装　丁　松村大輔
印　刷　三美印刷
製　本　牧製本印刷

© 2013　JFBA ADR (Alternative Dispute Resolution) Center. Printed in Japan
JCOPY 〈(社)出版者著作権管理機構　委託出版物〉
本書の無断複写は著作権法上での例外を除き禁じられています。複写される場合は、そのつど事前に、(社)出版者著作権管理機構（電話 03-3513-6969、FAX 03-3513-6979、e-mail: info@jcopy.or.jp）の許諾を得てください。
また、本書を代行業者等の第三者に依頼してスキャンやデジタル化することは、たとえ個人や家庭内での利用であっても一切認められておりません。

ISBN 978-4-335-32096-5

好評発売中

日弁連ADRセンター双書1

紛争解決手段としてのADR

ADRの実務に詳しい弁護士が、第1部で、紛争解決ツールとしてのADRの全体像を、沿革・位置付け・活動状況から明らかにし、第2部・第3部で、活用方法を理論面・実務面から解説。ADRを利用する上で押さえるべき事項・留意点を具体的に示す。　2940円

日弁連ADRセンター双書2

交通事故の損害賠償とADR

ADRが非常に発達した交通事故の民事賠償において、その運用の現状と利用法を解説。第1部で、交通事故損害賠償事案の全体像、事案にあたる際の重要ポイントといった基礎知識を紹介し、第2部では、ADRの実例に沿って、仕組み・利用の仕方を説明。　2835円

日弁連ADRセンター双書3

建築紛争解決とADR

第1部で、東京地裁の建築関係紛争の訴訟と調停の現状・課題を紹介。第2部では、建設工事紛争審査会・住宅紛争審査会の仕組み・利用方法を説明し、愛知県弁護士会ADRの取組みも紹介。建築紛争を解決する選択肢としてのADRの知識が身につく。　2940円

日弁連ADRセンター双書4

医療紛争解決とADR

第1部で東京地裁医療集中部の審理の特徴と手続の進め方、医療訴訟に詳しい弁護士による日本とドイツの賠償責任保険制度の比較、厚労省の医療安全調査委員会等への取組みを紹介。第2部・第3部では、東京三弁護士会の医療ADRの現状を分析し課題に言及。また事例紹介を交えて、ADRの上手な利用方法を紹介。　2940円

日弁連ADRセンター双書5

労働紛争解決とADR

第1部は東京地裁労働部での労働審判制度の運用・手続の概要等を解説。第2部では、厚労省労働局の「総合労働相談コーナー」の制度の趣旨・概要と実施体制・実績・手続の流れを紹介。第3部では、労・使の弁護士が紛争解決手段の選択のポイントの解説。　2940円

定価(税込)は、2013年3月現在のものです。